Jochen Schmidt

Jahreszeitliches Basteln und Gestalten – Sommer

28 Projekte für den inklusiven Unterricht – Anleitungen, Vorlagen und Hinweise zur Umsetzung

PERSEN

Der Autor Jochen Schmidt hat bereits zahlreiche Unterrichtsmaterialien für die Grundschule veröffentlicht.

Gedruckt auf umweltbewusst gefertigtem, chlorfrei gebleichtem und alterungsbeständigem Papier.

1. Auflage 2015

Grafik: Marion El-Khalafawi
Fotos: © Jochen Schmidt, Persen Verlag
Satz: Satzpunkt Ursula Ewert GmbH

ISBN: 978-3-403-23491-3

www.persen.de

Inhaltsverzeichnis

Inhaltsübersicht CD

Bildkarten der Arbeitsmaterialien in DIN A6

Bastelanleitungen folgender Projekte als bearbeitbare Word-Dateien:

- Wüstenblumen
- Sonnenuntergang am Meer
- Segeltörn
- Sommerliches Namensschild
- Buddelschiff
- Mein eigener Stempel
- Das Super-Eis
- Ich packe meinen Koffer
- Wellenkämme

Liebe Kolleginnen und Kollegen,

als Lehrkraft im Bereich Kunst und textiles Gestalten sind wir immer auf der Suche nach neuen kreativen Ideen und gestalterischen Konzepten für den eigenen Unterricht. Wir möchten in erster Linie unsere Schüler[1] zu ästhetischer Wahrnehmung und Bildung, zum explorativen Erkunden von Werkstoffen und dem Zusammenspiel von Werkzeug und Objekt, und nicht zuletzt zu kreativem Handeln und Produzieren anregen und ihre Kompetenzen und Fähigkeiten in diesen Bereichen fördern. Wir möchten aber auch für uns selbst Neues entdecken, aus der unterrichtlichen Routine ausbrechen und uns kreativ weiterentwickeln. Dies motiviert uns und unsere Schüler gleichermaßen.

Das vorliegende Buch lädt mit seinen unterschiedlichen Projekten, z. B. dem „Gefädelten Waldboden", der „Sommerhitze im Monument Valley" oder „Mein Sommerhaus"ein zum Arbeiten mit herkömmlichen Materialien, wie Tonkarton, Papier, Filz oder Stoff, aber auch zum Kennenlernen weniger bekannter Werkstoffe, wie z. B. Balsaholz, Hartschaumplatten oder einigen Naturstoffen, und fördert dadurch auch den verantwortlichen Umgang mit unterschiedlichen Arbeitsmitteln und Werkzeugen. Aber auch Aufgabenbereiche, wie das Erstellen jahreszeitlicher Dekorationen, Grußkarten oder Geschenken, die durch neue Impulse abwechslungsreich inszeniert werden, finden Sie vor.

Thematisch orientieren sich die Projektideen an der Jahreszeit „Sommer" sowie möglichen besonderen Tagen in diesem Schulhalbjahr, die sich als Anlass für kreative Bastelarbeiten anbieten. Neben Projekten, bei denen das geschaffene Objekt im Vordergrund steht, finden sich auch Arbeitsvorschläge, die über den künstlerisch gestalterischen Prozess hinausgehen und sich für weiterführende Aktivitäten eignen. Hier wird zusätzlich der Spaß an der spielerischen künstlerischen Tätigkeit gefördert („Strandmalerei"), die Fantasie angeregt („Buddelschiff", „Im Urlaub auf Dschungelsafari") und dazu angeregt, auch außerhalb des Klassenraums in der eigenen Freizeit kreativ zu sein („Ein echtes Floß").

Orientiert an der Entwicklung der unterschiedlichen Kompetenzen und Fähigkeiten, sollen die Schüler durch die Projekte zum Erforschen von Material- und Werkzeugeigenschaften und deren Zusammenspiel, zum fantasievollen Formen und Bauen, zum Konstruieren und Inszenieren, zum Sammeln und Erforschen eigener Sinneswahrnehmung sowie einer eigenen Vorstellung von Ästhetik und künstlerisch kreativer Tätigkeit angeregt werden. **Erleben sollen die Schüler die unterschiedlichen Projekte mit allen Sinnen – visuell, haptisch, auditiv und auch olfaktorisch.** Geschult werden auf diese Weise jedoch nicht nur die Sinne und Wahrnehmungsfähigkeiten der Kinder. **Gleichermaßen werden dadurch auch unterschiedliche Arbeitstechniken erlernt und trainiert.** Ziel ist dabei auch die Befähigung der Schüler, Lernwege und Vorgehensweisen kritisch zu reflektieren, um sie für die praktische Umsetzung eigener kreativer Ideen und Gedanken nutzbar zum machen.

[1] Wir sprechen hier wegen der besseren Lesbarkeit von Schülern in der verallgemeinernden Form. Selbstverständlich sind auch alle Schülerinnen ausdrücklich gemeint.

Um die Umsetzung der Projektideen möglichst einfach zu gestalten, gibt es zu **jedem Arbeitsbereich konkrete Angaben zum Materialbedarf,** eine **Bastelanleitung** mittels derer die Schüler das jeweilige Projekt eigenständig erarbeiten können, **unterstützende Kopiervorlagen** für den unkomplizierten Einsatz im Unterricht sowie Angabe über die Lernziele, einen ungefähren Zeitplan für die Vorbereitung und Durchführung des jeweiligen Projekts und weiterführende Hinweise in den **Info-Boxen für die Lehrkraft**.

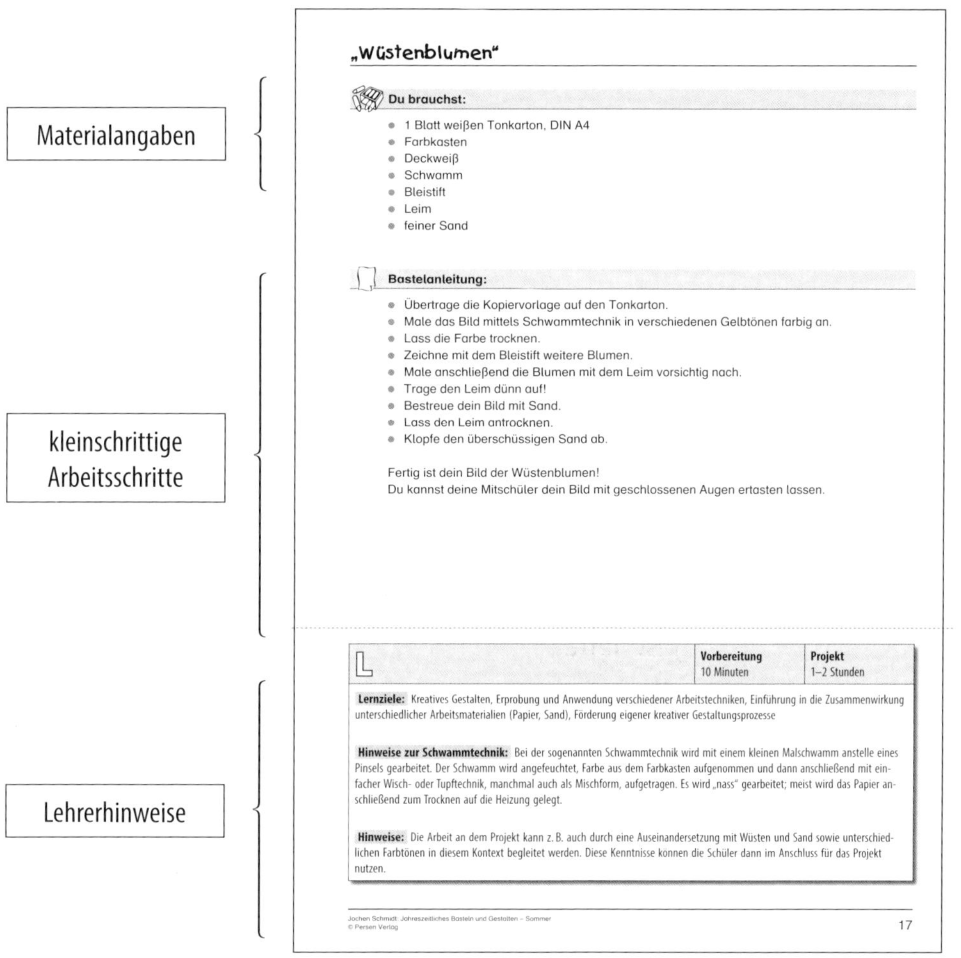

Viele der Vorschläge lassen sich in ein oder zwei Unterrichtsstunden mit geringer Vorbereitungszeit umsetzen. Einige Projekte benötigen etwas mehr Zeit und müssen entsprechend langfristiger geplant und vorbereitet werden.

Auch wenn der Kunstunterricht bereits in hohem Maße auf das individuelle Leistungsvermögen der Kinder eingeht und deren jeweilige Fertigkeiten und Fähigkeiten berücksichtigt, **bietet der vorliegende Band zusätzliches Material zur Binnendifferenzierung nach unterschiedlichen Leistungs- und Entwicklungsständen** und **damit Möglichkeiten zur Inklusion von Schülern mit besonderem Förderbedarf**. Häufig stellt nicht die Bewältigung eines bestimmten Arbeitsauftrages, mag dieser auch noch so detailliert und genau ausfallen, die Lern- und Arbeitshürde dieser Schüler dar. Für Schüler, denen das Lesen schwer fällt, stellt die Textmenge einer Arbeitsanweisung an sich schon eine Herausforderung dar. Das Problem der Schüler liegt in diesen Fällen nicht in der mangelnden praktischen künstlerischen und gestalterischen Fähigkeit. Vielmehr liegt es in der erschwerten Transferleistung von der Theorie in die Praxis. Um an dieser Schnittstelle anzusetzen und den Transfer für die Schüler mit besonderem Förderbedarf zu erleichtern, enthält dieser Band zu **neun Projektvorschlägen** Aufgabenblätter, die den Bedürfnissen dieser Zielgruppe in besonderer Weise gerecht wird. Bei diesen Projekten wird zusätzlich eine **vereinfachte Kopiervorlage** angeboten, als Alternative gekennzeichnet. Die **Bastelanleitungen sind in der Textmenge reduziert** und **durch Piktos illustriert**. Die **Arbeitsschritte sind klar strukturiert, übersichtlich angeordnet** – und durchnummeriert. Zudem sind **Kästchen** vorgesehen, die sodass die Schüler ihre **bereits erledigten Arbeitsschritte abhaken können**. Dadurch werden die Schüler nicht nur in ihrer Arbeitsorganisation geschult, zugleich wird ein weiterer wichtiger Förderschwerpunkt aus dem Bereich Lern- und Arbeitsverhalten trainiert: das Arbeiten nach Plan im Kunstunterricht.

Beispielfotos der jeweiligen Endprodukte (Seite 73ff) illustrieren die Ergebnisse.

Auf der **CD** finden sich schließlich die **Bastelanleitungen** dieser neun Projekte als **bearbeitbare Word-Dateien** wieder, sodass Sie diese noch weiter auf die individuellen Bedürfnisse Ihrer Schüler zuschneiden können, z.B. indem Sie Arbeitsschritte reduzieren und/oder anders anordnen. **Bildkarten der Arbeitsmaterialien**, ebenfalls auf der CD zu finden, können ebenfalls als Unterstützung zur Organisation im Unterricht dienen.

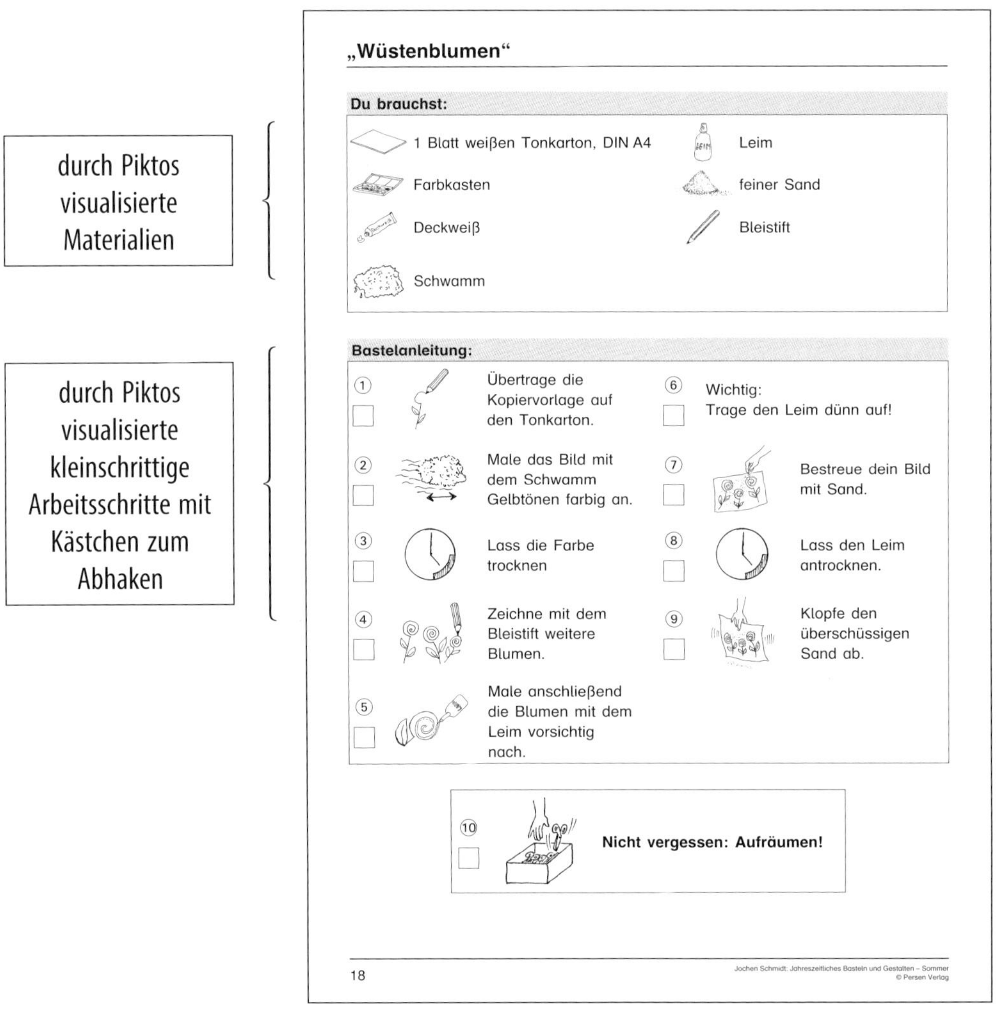

„Wüstenblumen"

Du brauchst:

1 Blatt weißen Tonkarton, DIN A4 – Leim – Farbkasten – feiner Sand – Deckweiß – Bleistift – Schwamm

Bastelanleitung:

1. Übertrage die Kopiervorlage auf den Tonkarton.
2. Male das Bild mit dem Schwamm in Gelbtönen farbig an.
3. Lass die Farbe trocknen
4. Zeichne mit dem Bleistift weitere Blumen.
5. Male anschließend die Blumen mit dem Leim vorsichtig nach.
6. Wichtig: Trage den Leim dünn auf!
7. Bestreue dein Bild mit Sand.
8. Lass den Leim antrocknen.
9. Klopfe den überschüssigen Sand ab.
10. Nicht vergessen: Aufräumen!

18 Jochen Schmidt: Jahreszeitliches Basteln und Gestalten – Sommer © Persen Verlag

Darüber hinaus bestehen eine Reihe weiterer, zum Teil sicherlich bereits bekannte, **Möglichkeiten**, bei Arbeitsprozessen und Projekten **zusätzlich zu differenzieren**. Dies beginnt bereits bei einfachen Arbeitsschritten, wie dem Übertragen einer Kopiervorlage. Während leistungsstärkere Schüler die Kopiervorlage selbst frei Hand auf die Arbeitsgrundlage übertragen oder von der Vorlage abweichen dürfen, kann die **Kopiervorlage für Schüler mit Förderbedarf vollständig oder in Teilen kopiert werden**. Hier kann zusätzlich ausdifferenziert werden, indem bei bestimmten Bastelarbeiten **größere Vorlagen für die Schüler** angefertigt werden, z.B. Kopiervorlage von DIN-A4- auf DIN-A3-Format. Außerdem bietet sich bei manchen Arbeiten eine **Verwendung von schwererem und damit formstabilerem Papier** an. Auch bei Techniken des Nachkolorierens oder Aquarellierens erweist sich dies als sehr hilfreich.

Durch **Abänderung der verwendeten Arbeitstechniken bzw. Arbeitswerkzeuge** sind ebenfalls Möglichkeiten der Vereinfachung gegeben: beispielsweise kann anstelle des Cutters eine Prickelnadel verwendet werden. Ebenso können Buntstifte den Wasserfarbkasten ersetzen. Mit einem Schwamm lässt sich großflächig einfacher malen als mit einem Pinsel.

Außerdem kann es sinnvoll sein, die **Wahl der Arbeitsmaterialien leicht abzuändern**, um die Projektarbeit zu vereinfachen.

Ein großer Vorteil dieser Herangehensweise liegt darin, dass die Schüler mit Förderbedarf weitestgehend eigenständig und damit selbstbewusst arbeiten können und folglich produktiv am Kunstunterricht teilhaben.

Zusätzlich können **leistungsstärkere Schüler ihren Mitschülern mit Förderbedarf unterstützend bei bestimmten Arbeitsschritten behilflich** sein. Durch dieses kooperative Lernen miteinander, das Schüler auch in ihrer **„Vermittlerrolle“** ernst nimmt und sie in Unterrichtsprozesse einbindet, werden zusätzlich soziale Kompetenzen geschult. Auch fällt es manchmal leichter, Hilfe von einem Mitschüler in Anspruch zu nehmen, als von der Lehrperson.

Aber auch die Eltern Ihrer Schüler sind herzlich dazu eingeladen, sich für den Kunstunterricht ihrer Kinder zu engagieren. Beispielsweise können kleinere Vorbereitungsaufgaben von den Eltern übernommen werden. Außerdem können Sie die Eltern an einem Elternabend darauf hinweisen, welche haushaltsnahen Materialien (z.B. Eierkartons, Korken oder Papier und Stoffreste) oder Naturmaterialien für bestimmte Projekte benötigt werden. Dann kann das Material gezielt gesammelt werden.

Ich wünsche Ihnen viel Spaß beim Ausprobieren der Ideen in Ihrem eigenen Kunstunterricht!

„Auf dem Sommerfest!"

Du brauchst:

- Papier (DIN A4 oder DIN A3)
- Fotos von Familie, Freunden oder auch Stars und Berühmtheiten
- Schere
- Klebstoff
- Buntstifte

Bastelanleitung:

Stell dir vor, du hast einen besonderen Auftritt auf dem Sommerfest, z. B. ein Konzert oder eine andere Aufführung, die dir wichtig ist.
Überlege, wer zu deinem Auftritt kommen könnte?
Wen würdest du dort gerne sehen?

- Übertrage die Kopiervorlage auf dein Papier.
- Wähle die Besucher für deinen Auftritt aus.
- Schneide ihre Gesichter aus und klebe sie in die Vorlage.
- Ergänze weitere Besucher, wenn du möchtest.
- Gestalte das Bild farbig mit den Buntstiften aus.
- Überlege dir einen Titel für dein Bild und schreibe ihn auf.

L	Vorbereitung 10 Minuten	Projekt 2–3 Stunden

Lernziele: Grafisches Gestalten (Erlernen das Umsetzen von Fantastischem in eigene Bilder, Erproben und Erlernen des Collagierens, Anlegen und Arbeiten mit einer Materialkartei), Kreatives Gestalten, Räumliches Gestalten (Erkennen und graphisches Ergänzen von vorgegebenen Formen und Strukturen, erste Eindrücke von Räumlichkeit)

Kontext: Gerade nach den Sommerferien werden in vielen Klassen – insbesondere in der ersten Klasse – in den ersten Wochen des neuen Schuljahres Klassenfeiern und Feste abgehalten oder Ausflüge unternommen, um das Klassenbewusstsein und das Zusammengehörigkeitsgefühl zu stärken.

Im Rahmen dieser Arbeit kann auch dieses Kunstprojekt einen wichtigen Beitrag leisten bzw. thematisch damit verknüpft werden.

Hinweise: Das Anlegen einer kleinen Materialkartei (Fotos von Familie, Freunden und Bekannten sowie Bilder von Stars und Berühmtheiten) bedarf etwas zeitlicher Vorbereitung sowie Unterstützung. Daher kann es sinnvoll sein, die Schüler zu ermuntern, im Vorfeld aus Zeitungen bzw. Magazinen ihnen wichtige Personen auszuschneiden und zu sammeln. Bringen Sie für die Arbeitsphase auch die eine oder andere Zeitung mit, damit ggf. zusätzliches Material zur Verfügung steht.

I

Sonnenblume

Du brauchst:

- 1 Bogen weißes Tonpapier, DIN A3
- Bleistift
- Farbkasten, Deckweiß
- Pinsel
- Wasserglas
- Trockentuch

Bastelanleitung:

- Übertrage die Kopiervorlage auf das Tonpapier.
- Gestalte die Sonnenblume farbig aus.
  Mische unterschiedliche Brauntöne für das Innere der Blume.
- Male das Innere der Blume farbig an.
  Male zügig, damit die Farben ineinander verlaufen.
  Die Farbtöne verlaufen im Inneren von dunklem zu hellem Braun.
- Mische unterschiedliche Gelbtöne für die Blütenblätter.
- Male die Sonnenblume in unterschiedlichen Gelbtönen an.
  Male zügig, damit die Farben ineinander verlaufen.
  Die Farbtöne verlaufen im Inneren von dunklem zu hellem Gelb.
- Lass deine Sonnenblume trocknen, bevor du sie aufhängst oder weiterarbeitest.

Alternative:
Schneide deine Sonnenblume aus und lege sie mit den Blumen der übrigen Schüler zu einem Sonnenblumenmeer zusammen. Ihr könnt die Blumen auch gesammelt auf einen großen Bogen Tonkarton aufkleben und in der Klasse aufhängen.

L	**Vorbereitung** 10 Minuten	**Projekt** 1 Stunde

Lernziele: Grafisches Gestalten, Kreatives Gestalten, Arbeiten mit Mischtechniken und Farbverläufen, Farbiges Gestalten mit dem Schwerpunkt des zielgerichteten Gestaltens (insbesondere das Mischen von Farbtönen), Sammeln von Erfahrung im Umgang mit Farbnuancen und Farbkontrasten.

Hinweise: Um Zeit zu sparen, können Sie das Projekt auch auf DIN-A4-Papier erarbeiten lassen und die Kopiervorlagen bereits für die gesamte Klasse in den entsprechenden Größen kopieren. Zusätzlich kann die Kopiervorlage auch auf buntes Papier kopiert werden, dann hebt sich die Sonnenblume unterschiedlich stark vom Hintergrund ab.

Alternative: Die Schüler können die Sonnenblumen abschließend ausschneiden und zu einem „Sonnenblumenmeer" zusammenlegen, an die Pinnwand heften oder auf einem großen Bogen Tonkarton aufkleben.

„Sandstrandfantasien – Eine Schatzkarte“

Du brauchst:

- 1 Blatt Papier, 120 g, DIN A3
- Fineliner (schwarz)
- farbige Bunt- oder Filzstifte
- Schwamm
- Trockentuch
- etwas schwarzen Tee
- Schere oder Zackenschere

Bastelanleitung:

Stell dir vor, du bist in den Ferien an einem herrlich schönen Sandstrand. Du siehst wunderbar blaue Wellen, weißen Sand und Palmen. Du hörst die Brandung und das Meeresrauschen. Gedanken an Freibeuter und Piraten, versunkene Schiffe und verlorene Schätze kommen dir in den Sinn … .

Hast du vielleicht auch einen wertvollen Gegenstand, vielleicht sogar einen richtigen Schatz, den du an einem geheimen Ort verstecken und vergraben möchtest? Damit du selbst nicht vergisst, wo sich dein Versteck für den Schatz befindet, brauchst du eine verlässliche Karte. Für das Erstellen der Schatzkarte findest du auf der nächsten Seite einige Hilfen. Viel Freude beim kreativen Arbeiten!

- Trage mit dem Schwamm den schwarzen Tee auf das Blatt Papier.
- Lass das Papier z. B. auf der Fensterbank oder Heizung trocknen.
  Wenn sich das Papier knittert oder wellt, ist das nicht schlimm. Dadurch wirkt das Blatt „älter“.
- Schneide mit der Schere deine Schatzkarte zu.
  Vielleicht fehlt ja hier und da ein Stück oder es gibt sogar Löcher in der Karte?
- Zeichne gemäß Vorlage oder frei Hand deine Schatzkarte.
- Markiere den Schatz mit einem roten X.
- Den Weg dorthin sowie besondere Wegzeichen (Häuser, Bäume, Bäche, usw.) kannst du mit dem schwarzen Fineliner zeichnen.
  Ideen und Hilfe dafür findest du auf der Vorlage.

Alternative:
Anstelle des schwarzen Fineliners kannst du auch echte Tinte und einen Federkiel zum Zeichnen verwenden. Das kann dir dabei helfen, in Stimmung für die Schatzkarte zu kommen.

L	**Vorbereitung** 10 Minuten	**Projekt** 1 Stunde

Lernziele: Grafisches Gestalten, Kreatives und Fantasievolles Gestalten mit dem Schwerpunkt des zielgerichteten Gestaltens, insbesondere das Experimentieren mit unterschiedlichen Materialien, „Künstliches Altern“ von Papier, Sammeln erster einfacher Erfahrung im Umgang mit Kartengestaltung, Register

Hinweise: Das Kochen des schwarzen Tees für das Eintränken und „Altern“ des Papiers sollte von der Lehrkraft übernommen werden, da der Umgang mit heißem Tee gerade für jüngere Schüler aufgrund möglicher Verletzungen gefährlich sein kann. Hier ist besondere Vorsicht geboten. Die Schüler arbeiten mit dem erkalteten Tee.

Das Kunstprojekt kann auch fächerübergreifend durch das Lesen einer Abenteuergeschichte zum Thema „Schatzsuche“ oder „Piraten“ begleitet werden, sodass das Kunstprojekt thematisch eingebunden wird und den Schüler hilft, sich in die Situation des Kartenzeichnens hineinzuversetzen.

O
N
S
W

„Im Urlaub auf Dschungelsafari"

Du brauchst:

- 1 Blatt Papier (DIN A4 oder DIN A3, weiß, 120 g)
- Bilder/Fotos von Tieren (z. B. aus Zeitschriften, Magazinen usw.)
- Buntstifte (Grüntöne)
- Schere
- Klebstoff
- Buntstifte, Bleistift

Vorbereitung:

Sammle aus Zeitschriften, Postern, Aufklebern, Magazinen, alten Büchern etc. viele Bilder von unterschiedlichen Tieren. Je exotischer und eindrucksvoller die Tiere, desto besser.
Die Bilder können bunt oder schwarz-weiß sein, es kann sich um Fotos oder Zeichnungen handeln. Wichtig ist nur, dass du eine möglichst bunte Ansammlung von Tieren für deine Tiercollage hast.

Deine Aufgabe ist es, aus den unterschiedlichen Tieren ein geheimnisvolles Dschungeltier zu basteln, das es so in dieser Form auf der Welt nicht gibt – zumindest wurde es bis dato nicht entdeckt. Du bist der Entdecker des Tieres, als du es bei einer Reise in den Dschungel auf einer Lichtung erblickst!

Bastelanleitung:

- Übertrage die Kopiervorlage des Dschungels.
- Male den Dschungel in unterschiedlichen Grüntönen aus.
- Schneide anschließend einzelne Teile der Tiere aus, z. B. die Beine von einem Elefanten, den Körper eines Hundes, den Kopf eines Zebras, die Flügel eines Adlers, usw. und klebe die Teile zu einem neuen Tier zusammen.
- Jede Zusammenstellung, die du dir vorstellen kannst, ist möglich. Du entscheidest, ob das Tier läuft, krabbelt, hüpft oder fliegt.
- Zusätzlich kannst du auch weitere Körperteile des Tiers selbst malen. Auch die Übergänge zwischen den einzelnen, zusammengeklebten Körperteilen kannst du so ausgestalten.

Viel Spaß beim kreativen Ausprobieren!

L	**Vorbereitung** 10 Minuten	**Projekt** 1–2 Stunden

Lernziele: Farbiges Gestalten, Kreatives Gestalten (Erprobung und Anwendung verschiedener Arbeitstechniken, Kombination und Zusammenspiel unterschiedlicher Werkstoffe und Materialien, selbstständige Anwendung von Farben und Farbkombinationen im eigenen kreativen Gestaltungsprozess)

Hinweise: Für die Arbeit mit Kollagen ist es stets wichtig, dass den Schülern für Ihre Bastelarbeiten ein großer Fundus an Auswahlmaterialien zur Verfügung steht. Ohne die nötige Materialvielfalt ist ein kreatives und phantasievolles Arbeiten häufig stark erschwert. Planen Sie daher für die Erstellung des Materialfundus entsprechend voraus. 2–3 Wochen vor Beginn des Bastelprojektes sollten die Schüler bereits auf Materialsuche gehen. 1 Woche vor Projektbeginn sollte das Material mit in die Schule gebracht und gemeinsam gesichtet werden. Dann kann ggf. noch „nachgesteuert" werden. Zusätzlich ist es ratsam, auch als Lehrkraft einen „Ersatzfundus" anzulegen, aus dem sich die Schüler, die dann doch noch zusätzliches Material benötigen, bei Bedarf bedienen können.

„Strandradierung“

Du brauchst:

- Blatt Papier, DIN A5, 120 g
- Blatt Papier, DIN A4, 120 g
- starken Radiergummi für Kugelschreibertinte
- Bleistift oder schwarzen Fineliner
- Klebstoff
- ein Foto deiner Wahl aus dem Sommer

Bastelanleitung:

- Kopiere dein Foto oder die Vorlage auf dein Arbeitsblatt.
- Radiere einige Stellen aus dem Foto vollständig aus.
- Zeichne die nun fehlenden Stellen mit dem Bleistift oder Fineliner sorgfältig nach. Ein Blick auf das Originalfoto kann dir dabei helfen, dich besser an die fehlenden Bildelemente zu erinnern.
- Schneide anschließend dein Kunstwerk aus.
- Klebe das Originalfoto oberhalb auf das DIN A4 Papier.
- Klebe deine Radierung darunter auf.

Jetzt siehst du die Unterschiede ganz deutlich.

L	Vorbereitung 10 Minuten	Projekt 1–2 Stunden

Lernziele: Kreatives Gestalten, Erprobung und Anwendung verschiedener Arbeitstechniken, Förderung eigener kreativer Gestaltungsprozesse, Unterstützung zeichnerischer Fertigkeiten

Hinweise: Die Arbeit an dem Projekt kann z. B. auch durch ein vorausgehendes Fotoprojekt begleitet werden, in dem Schüler Fotos zu typischen Sommermotiven aufnehmen und diese dann im Anschluss für das Projekt nutzen. So entsteht zusätzlich ein persönlicher Bezug zum eigenen Kunstwerk.

Die fertigen Bilder können anschließend im Klassenzimmer aufgehängt werden und auch fächerübergreifend für Gesprächs- oder Reflexionsanlässe genutzt werden.

„Wüstenblumen“

Du brauchst:

- 1 Blatt weißen Tonkarton, DIN A4
- Farbkasten
- Deckweiß
- Schwamm
- Bleistift
- Leim
- feiner Sand

Bastelanleitung:

- Übertrage die Kopiervorlage auf den Tonkarton.
- Male das Bild mittels Schwammtechnik in verschiedenen Gelbtönen farbig an.
- Lass die Farbe trocknen.
- Zeichne mit dem Bleistift weitere Blumen.
- Male anschließend die Blumen mit dem Leim vorsichtig nach.
- Trage den Leim dünn auf!
- Bestreue dein Bild mit Sand.
- Lass den Leim antrocknen.
- Klopfe den überschüssigen Sand ab.

Fertig ist dein Bild der Wüstenblumen!
Du kannst deine Mitschüler dein Bild mit geschlossenen Augen ertasten lassen.

L	**Vorbereitung** 10 Minuten	**Projekt** 1–2 Stunden

Lernziele: Kreatives Gestalten, Erprobung und Anwendung verschiedener Arbeitstechniken, Einführung in die Zusammenwirkung unterschiedlicher Arbeitsmaterialien (Papier, Sand), Förderung eigener kreativer Gestaltungsprozesse

Hinweise zur Schwammtechnik: Bei der sogenannten Schwammtechnik wird mit einem kleinen Malschwamm anstelle eines Pinsels gearbeitet. Der Schwamm wird angefeuchtet, Farbe aus dem Farbkasten aufgenommen und dann anschließend mit einfacher Wisch- oder Tupftechnik, manchmal auch als Mischform, aufgetragen. Es wird „nass“ gearbeitet; meist wird das Papier anschließend zum Trocknen auf die Heizung gelegt.

Hinweise: Die Arbeit an dem Projekt kann z. B. auch durch eine Auseinandersetzung mit Wüsten und Sand sowie unterschiedlichen Farbtönen in diesem Kontext begleitet werden. Diese Kenntnisse können die Schüler dann im Anschluss für das Projekt nutzen.

„Wüstenblumen“

Du brauchst:

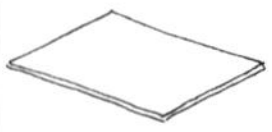
1 Blatt weißen Tonkarton, DIN A4

Farbkasten

Deckweiß

Schwamm

Leim

feiner Sand

Bleistift

Bastelanleitung:

(1) ☐

Übertrage die Kopiervorlage auf den Tonkarton.

(2) ☐
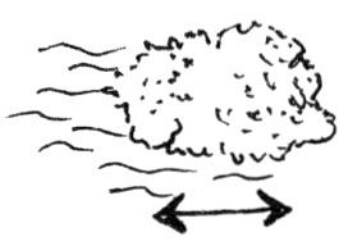
Male das Bild mit dem Schwamm in Gelbtönen farbig an.

(3) ☐

Lass die Farbe trocknen.

(4) ☐

Zeichne mit dem Bleistift weitere Blumen.

(5) ☐

Male anschließend die Blumen mit dem Leim vorsichtig nach.

(6) ☐
Wichtig:
Trage den Leim dünn auf!

(7) ☐

Bestreue dein Bild mit Sand.

(8) ☐
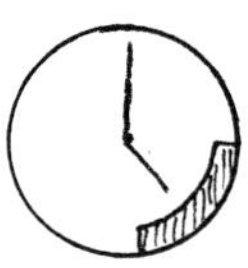
Lass den Leim antrocknen.

(9) ☐

Klopfe den überschüssigen Sand ab.

(10) ☐

Nicht vergessen: Aufräumen!

„Sonnenuntergang am Meer“

Du brauchst:

- 1 Blatt Tonpapier, 120 g, DIN A4
- Prickelnadel und Unterlage
- Bleistift
- Transparentpapier (verschiedene Gelb-, Orange- und Rottöne, etwas blau)
- Schere
- Klebstoff

Bastelanleitung:

- Übertrage die Kopiervorlage auf das Tonpapier.
- Prickel die Vorlage entlang der gestrichelten Linien aus.
- Stell dir vor, wie der Sonnenuntergang farblich verläuft.
  Nah am Horizont ist er fast rot. Darüber wird er über orange und gelb immer heller.
- Schneide Transparentpapier entsprechend der Vorlage aus.
- Klebe das Transparentpapier auf.
  Fertig ist dein Sonnuntergang!
- Häng ihn mit einem Klebestreifen ans Fenster.
  Dann kommen die Farben auch schön zur Geltung.

L	Vorbereitung 10 Minuten	Projekt 1–2 Stunden

Lernziele: Farbiges Gestalten, Kreatives Gestalten (Erprobung und Anwendung verschiedener Arbeitstechniken, Kombination und Zusammenspiel unterschiedlicher Werkstoffe und Materialien, selbstständige Anwendung von Farben und Farbkombinationen im eigenen kreativen Gestaltungsprozess)

Hinweise: Das Kunstprojekt kann besonders schön zur Geltung kommen, wenn die fertigen Produkte z. B. entlang der Fensterbank in einer Reihe aufgehängt werden. So entsteht eine fantasievolle Panorama-Perspektive unterschiedlicher Sonnenuntergänge am Strand mit vielen verschiedenen Farbverläufen, Eindrücken und Empfindungen. Dies kann im Anschluss auch als Reflexions- und Gesprächsanlass genutzt werden, um über die Wirkungsweise der eigenen Produkte ins Gespräch zu kommen bzw. die Gefühle aufzugreifen, die sich beim Betrachten der Werke einstellen.

„Sonnenuntergang am Meer“

Du brauchst:

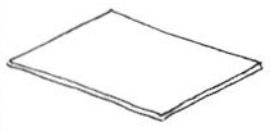
1 Blatt Tonpapier, 120 g, DIN A4

Transparentpapier

Prickelnadel

Schere

Unterlage

Klebstoff

Bleistift

Bastelanleitung:

1 ☐

Übertrage die Kopiervorlage auf das Tonpapier.

2 ☐
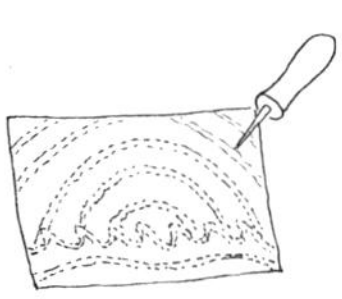
Prickel die Vorlage entlang der gestrichelten Linien aus.

3 ☐

Stell dir vor, wie der Sonnenuntergang farblich verläuft.

4 ☐
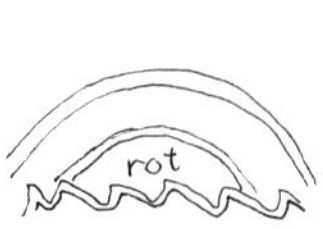

Nah am Horizont ist der Sonnenuntergang fast rot.

5 ☐

Darüber wird er über orange und gelb immer heller.

6 ☐
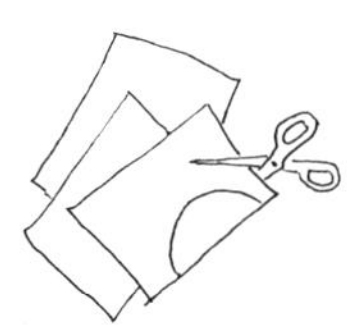
Schneide Transparentpapier entsprechend der Vorlage aus.

7 ☐

Klebe das Transparentpapier auf.

8 ☐
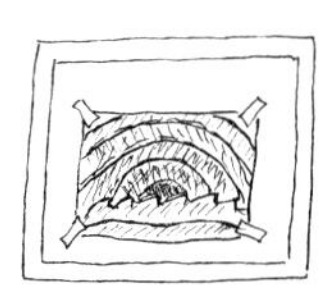
Häng den Sonnenuntergang mit einem Klebestreifen ans Fenster.

9 ☐

Nicht vergessen: Aufräumen!

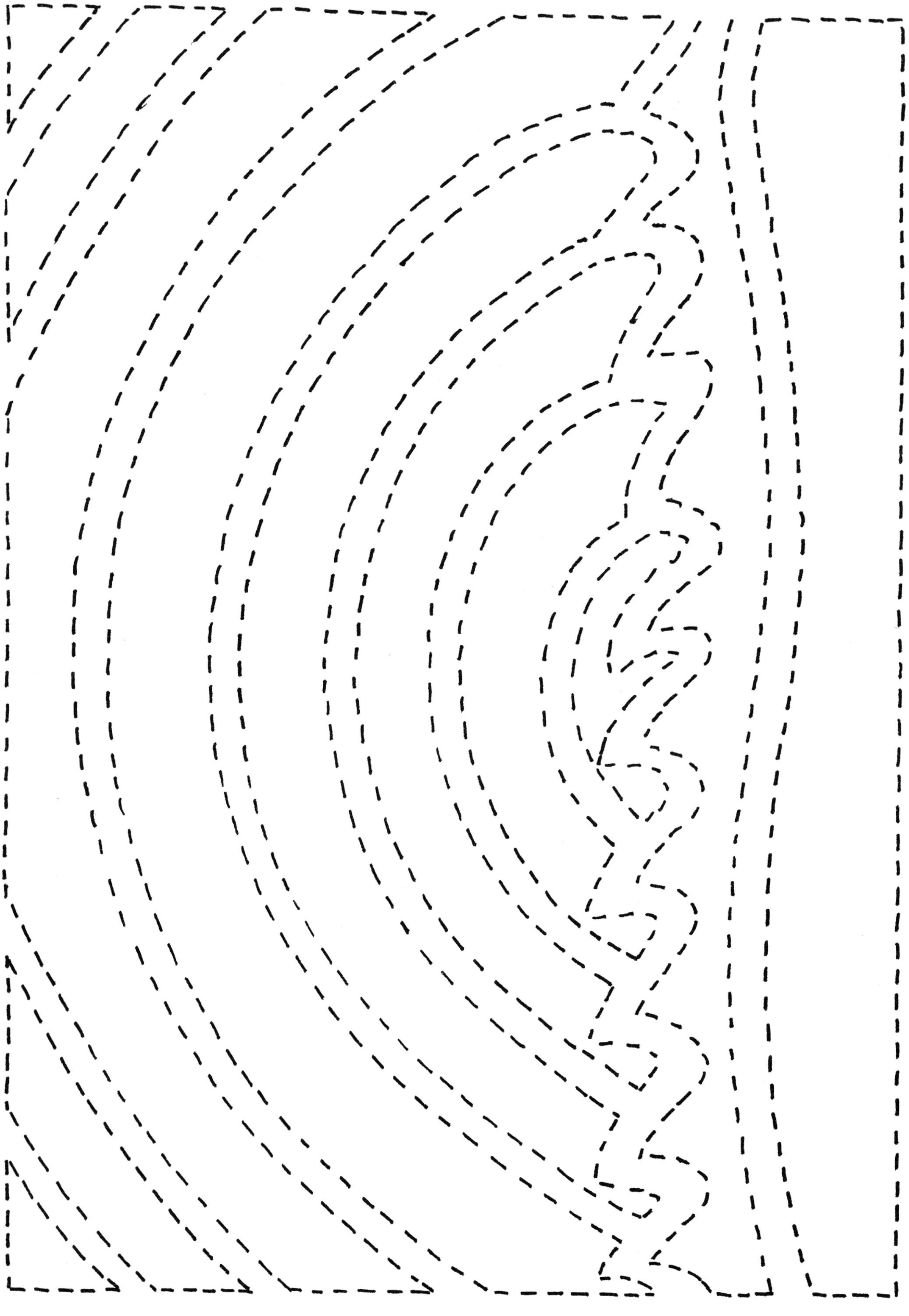

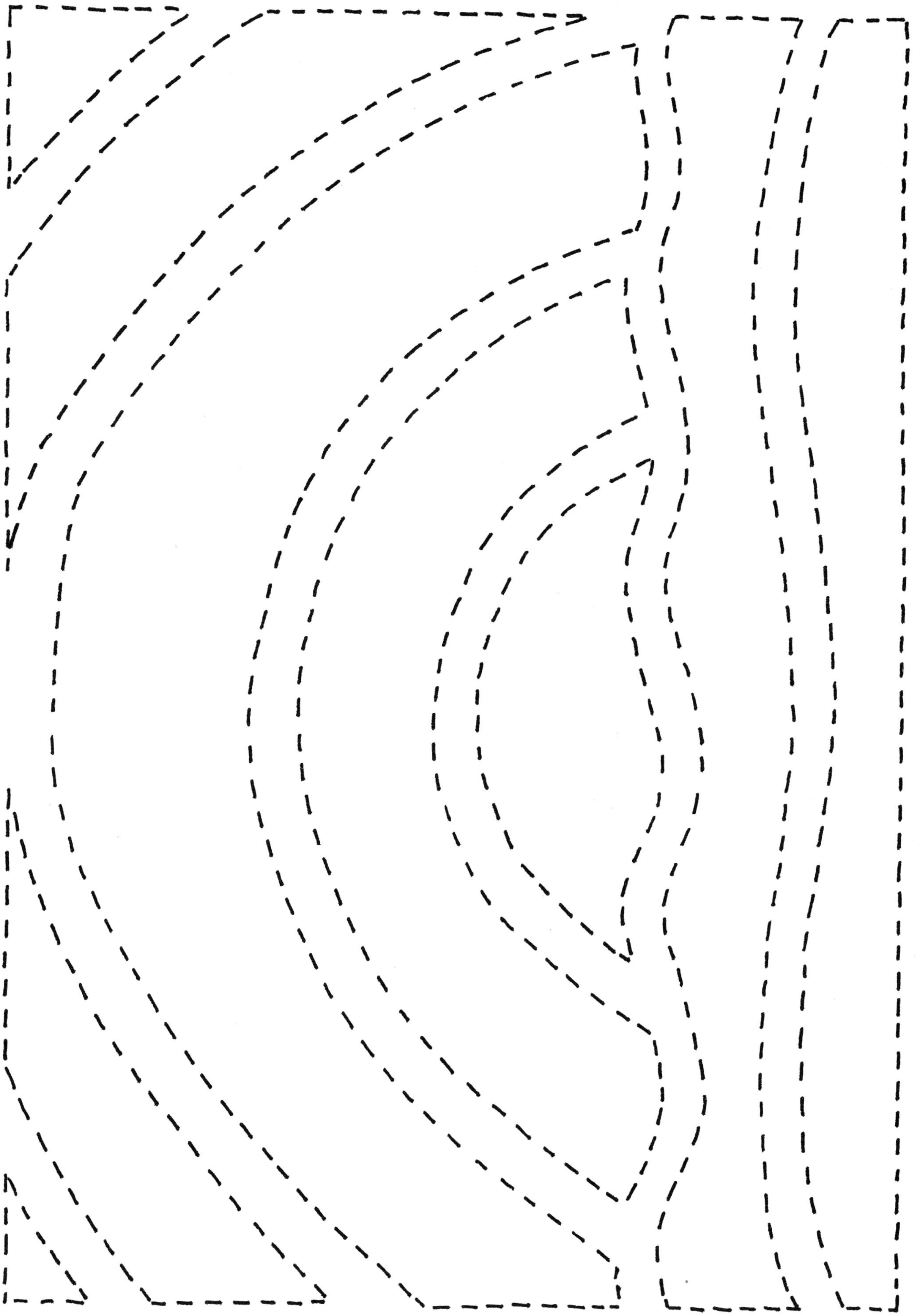

„Segeltörn“

Du brauchst:

- Tonpapier in zwei Blautönen (blau, dunkelblau)
- weißes Tonpapier (120 g, DIN A5)
- 1 Blatt Papier (DIN A4, hellblau)
- Schere
- Klebstoff
- Bleistift
- Buntstifte

Bastelanleitung:

- Übertrage die Kopiervorlage auf das blaue Tonpapier und schneide die Wellen je 3× aus.
- Schneide aus dem weißen Tonpapier die Schiffe aus.
- Klebe die Schiffe an unterschiedlichen Stellen hinter die Wellen.
- Klebe die Wellen mit den Schiffen versetzt auf ein Blatt Papier.

Fertig ist dein Bild des Segeltörns!

Alternative:

Du brauchst:

- zwei Blatt weiße Pappe (DIN A4)
- weißes Tonpapier (120 g, DIN A5)
- Reststück dicke Pappe (etwa 0,5–1,0 cm stark)
- Schere
- Klebstoff
- Bleistift
- Farbkasten
- Deckweiß
- Schwamm, Pinsel

Bastelanleitung:

- Male mit der Schwammtechnik beide Pappen in unterschiedlichen Blautönen so an, dass der Eindruck von Wasser entsteht.
- Übertrage die Kopiervorlage auf eine Pappe und schneide die Wellen aus.
- Schneide aus der dicken Pappe schmale Streifen.
- Klebe die Streifen auf die Rückseite der Wellen.
- Schneide aus dem Tonpapier mehrere Schiffe aus.
- Male die Schiffe an.
- Klebe die Schiffe an unterschiedlichen Stellen hinter die Wellen.
- Klebe die Wellen auf die blau angemalte Pappe.

Fertig ist dein Bild des Segeltörns!

L	**Vorbereitung** 10 Minuten	**Projekt** 1–2 Stunden

Lernziele: Räumliches Gestalten, kreatives Gestalten (Experimentieren und Erproben von Perspektiven, Verarbeiten von Material mit unterschiedlichen Eigenschaften, Planen und Konstruieren, Räumlichkeit)

Hinweis: In der Schwammtechnik sollte mit einen recht trockenen Schwamm gearbeitet werden, auch wenn Farbe aufgetragen ist, weil sonst zu viel Wasser die Pappe durchweicht.

„Segeltörn“

Du brauchst:

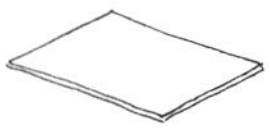
2 Blätter Tonpapier
(DIN A4, blau, dunkelblau)

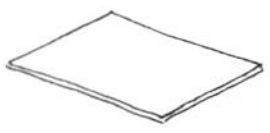
Tonpapier
(120 g, DIN A5, weiß)

1 Blatt Papier
(DIN A4, hellblau)

Schere

Klebstoff

Bleistift

Buntstifte

Bastelanleitung:

① 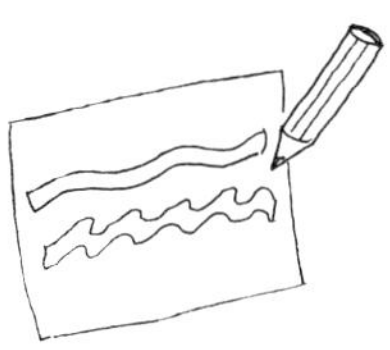
Übertrage die Wellen auf das blaue Tonpapier.

② 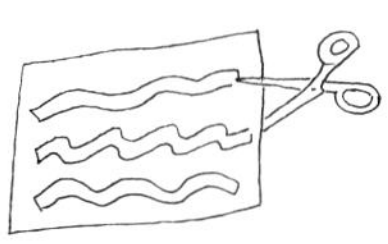
Schneide je 3 Wellen aus.

③ 
Übertrage die Schiffe auf das weiße Tonpapier.

④ 
Schneide die Schiffe aus.

⑤ 

Klebe die Schiffe hinter die Wellen.

⑥ 

Klebe die Wellen auf das hellblaue Blatt Papier.

⑦ 
Nicht vergessen: Aufräumen!

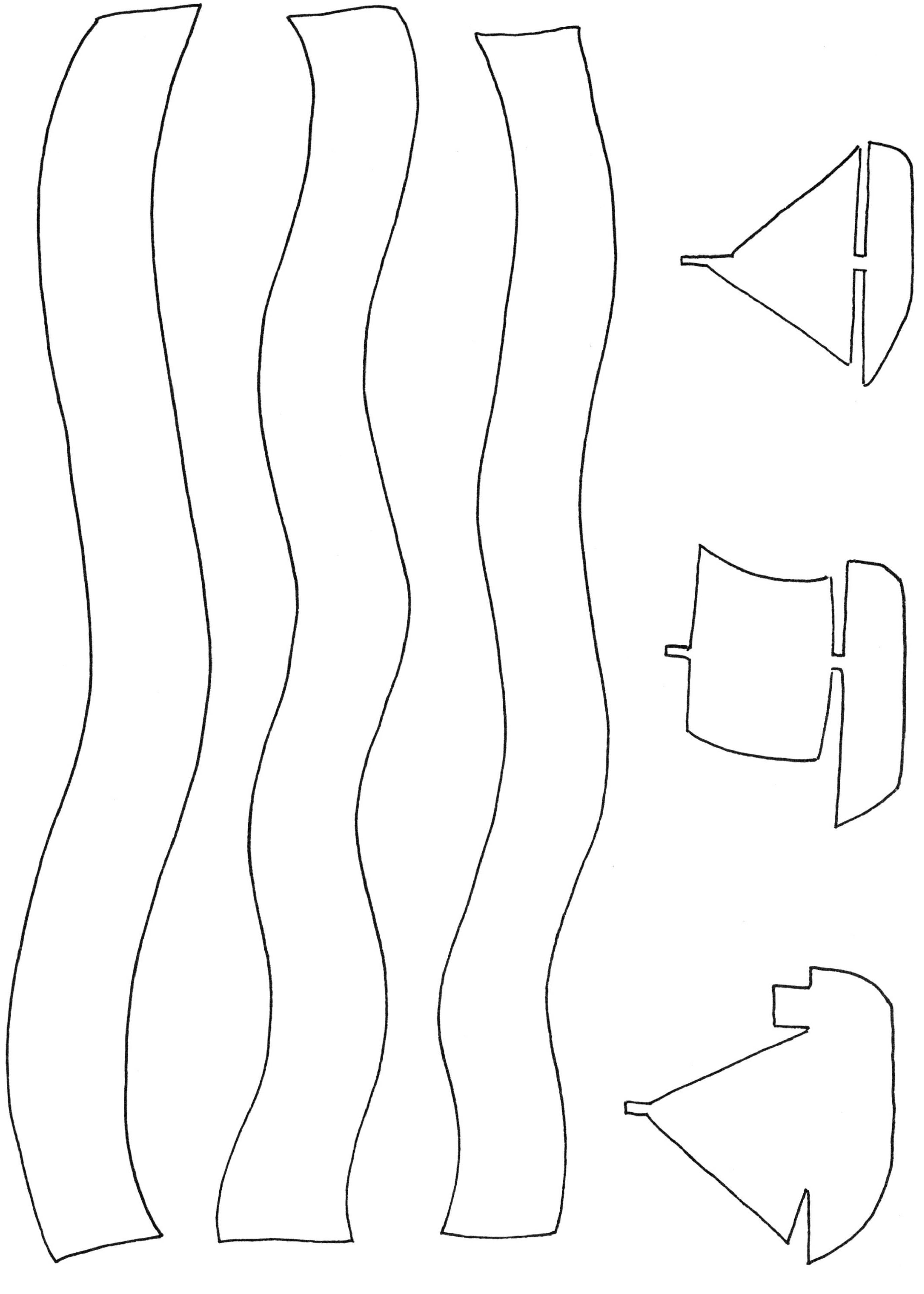

„Ein echtes Floß"

Du brauchst:

- einige gerade Äste/Zweige (Dicke etwa 1 cm)
- einen Ast/Zweig mit einer kleinen Gabel am Ende als Mast
- Kindersäge
- Kordel (etwa 2,5 m)
- Holzleim
- Schere
- 1 Blatt Papier (DIN A4, weiß)
- Buntstifte

Bastelanleitung:

- Säge etwa 12 gerade Zweige auf eine Länge von etwa 15 cm zu.
- Lege 10 Äste nebeneinander auf den Tisch (siehe Vorlage).
- Trage an den vorgegebenen Stellen großzügig Leim auf (siehe Vorlage).
- Klebe die verbleibenden 2 Äste als Querverbindung auf (siehe Vorlage).
- Lass den Leim trocknen.
- Verbinde nun zusätzlich die einzelnen Äste mit der Kordel mit der Querverbindung.
- Wickel dazu die Kordel jeweils einmal über Kreuz über einen Zweig und die Querverbindung.
- Wiederhole den Vorgang, bis alle Äste auf beiden Seiten gut vertäut sind.
  Du kannst die Äste auch noch zusätzlich miteinander verbinden.
- Knote abschließend die Kordel an der Querverbindung fest.
- Der Zweig mit der Gabel ist der Mast.
- Klebe den Mast mit der Gabel nach unten senkrecht auf das Floß (siehe Vorlage).
- Schneide zwei Stücke Kordel zurecht (50 cm).
- Knote ein Ende der Kordel an eine Ecke des Floßes.
- Führe die Kordel quer über den Mast und knote sie an der gegenüberliegenden Ecke fest (siehe Vorlage).
- Wiederhole den Vorgang für die anderen beiden Eckpunkte.
- Schneide ein dreieckiges Segel für dein Floß zurecht.
- Falte die Ränder um die Kordel und klebe sie auf der Rückseite vom Segel fest.
- Abschließend kannst du das Segel bemalen.

Fertig ist dein Floß!

L	**Vorbereitung** 10 Minuten	**Projekt** 3–4 Stunden

Lernziele: Kreatives Gestalten, Räumliches Gestalten, Farbiges Gestalten (Herstellung einfacher nicht-figürlicher Objekte, Verwendung und Kombination unterschiedlicher Arbeitsmaterialien und Werkverfahren)

Hinweis: Der Bau des Floßes aus Naturmaterialien ist ein Projekt für stärkere Lerngruppen, die gerne anspruchsvoll mit unterschiedlichen Werkstoffen arbeiten. Hier und da kann es hilfreich sein, die Schüler zur gegenseitigen Unterstützung anzuregen, z. B. beim Sichern der einzelnen Äste mit der Kordel an der Querverbindung oder beim „Aufrichten" des Mastes. Die Erfahrung hat gezeigt, dass sich Schüler gerade wegen des fortgeschrittenen Bastelanspruches sehr an dem Projekt erfreuen. Die Mühe lohnt also.

Die kleinen Äste und Zweige können z. B. bei einem gemeinsamen Ausflug gesammelt werden.

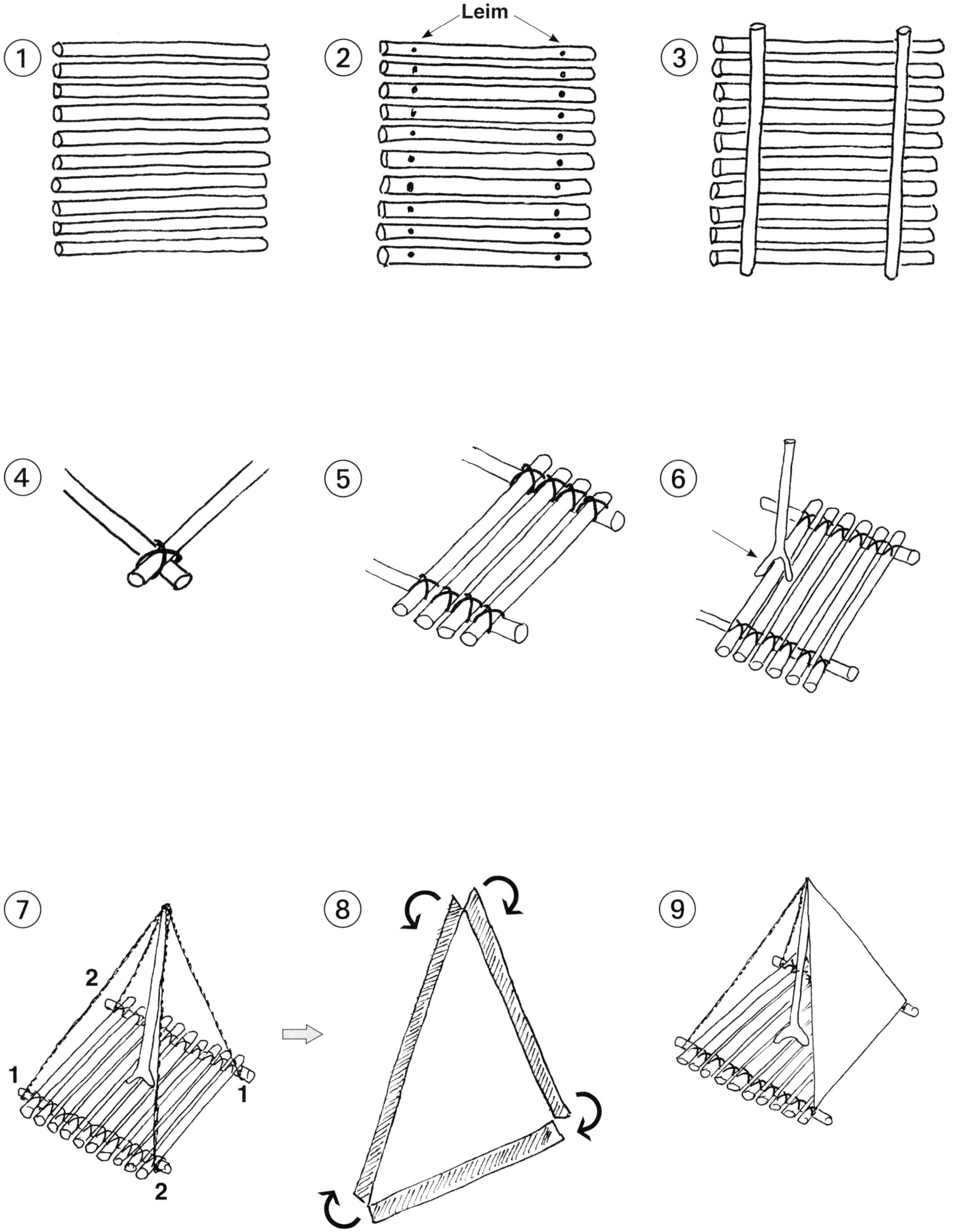
1
2
Leim
3
4
5
6
7
2
1
1
2
8
9

„Strohalmverzierung aus Moosgummi"

Du brauchst:

- Moosgummi (weiß)
- Fineliner (wasserfest)
- Filzstift (wasserfest)
- Schere
- Cutter und Unterlage
- Strohhalme

Alternative:
- mehrfarbiges Moosgummi

Bastelanleitung:

- Übertrage die Kopiervorlage mit dem Fineliner auf das Moosgummi.
- Schneide die einzelnen Motive aus.
- Gestalte die Motive farbig aus.
- Cutter zwei kleine Schlitze in jedes Motiv.
- Schiebe den Strohhalm durch beide Schlitze.

Fertig ist deine Deko!

Alternative:
Die einzelnen Motive können auch aus mehrfarbigem Moosgummi in Einzelteilen gefertigt und anschließend zusammengeklebt werden. Dann ist eine umfassendere Materialkartei sowie mehr Zeit für das Arbeitsvorhaben erforderlich.

L	**Vorbereitung** 10 Minuten	**Projekt** 1–2 Stunden

Lernziele: Kreatives Gestalten (Erproben von Materialien und Materialverbindungen, Herstellen von alltagspraktischen Gegenständen und Objekten)

Hinweis: Bei einem Klassen- oder Sommerfest oder einem gemeinsamen Frühstück können die Strohhalmverzierungen eingesetzt werden.

„Sommerhitze im Monument Valley“

Du brauchst:

- 1 Karton mit Deckel (etwa 35 × 25 × 15 cm)
- Schere
- Bleistift
- Hartschaumplatte oder Styropor (50 × 40 × 3 cm)
- Hartschaumklebstoff
- Acrylfarbe (braun, orange, gelb, weiß, blau, schwarz)
- Pinsel
- Schwamm
- Wasser
- Trockentuch

Vorbereitung:

Vermitteln Sie den Schüler vorab mittels einiger Fotos die Bedeutung und Wirkung des „Monument Valley“, das im nachfolgenden Kunstprojekt kreativ inszeniert werden soll.

Bastelanleitung:

- Schneide eine große Öffnung als Guckloch in den Deckel des Kartons (siehe Vorlage).
- Male die Innenseite des Kartons zur Hälfte in Blau- und zur anderen Hälfte in Orangetönen mittels Schwammtechnik an.
- Schneide aus der Hartschaumplatte unterschiedlich große „Steine“ aus.
- Erstelle kleine Monumente. Klebe dazu die Steine zu Säulen, Toren und Gängen aufeinander.
- Achte darauf, dass diese Monumente auch nachher in den Karton passen.
- Male die Monumente in verschiedenen Mischtönen (braun, orange, gelb) an.
- Klebe deine Monumente an verschiedenen Positionen in den Karton.
- Durch das Guckloch kannst du nun dein eigenes „Monument Valley“ betrachten.

Alternative:

- Du kannst die einzelnen Monumente auch trockenbürsten. Das verleiht den Steinen mehr Profil. Wähle dazu einen Grundton, z. B. Braun, mit dem du das Monument bemalst. Bürste anschließend die Ränder und erhabenen Stellen mit einem helleren Braunton trocken. So entstehen tolle Schattierungen im „Stein“.

L	Vorbereitung 10 Minuten	Projekt 2–3 Stunden

Lernziele: Grafisches Gestalten, Aufspüren von Oberflächenbeschaffenheit (Hartschaum), Kennenlernen neuer Arbeitsmaterialien, Erlernen und Erproben einfacher Malverfahren, Erproben von Materialien und Materialverbindungen, Herstellen von nicht-figürlichen Objekten

Hinweis: Das Arbeiten mit Hartschaumplatten ist sehr einfach. Hartschaumplatten sind leicht schneid- und formbar. Auch lassen sich mit spitzem Bleistift Formen und Motive permanent einritzen. Allerdings ist es nicht immer ganz leicht, das Material im örtlichen Bastelgeschäft oder Baumarkt zu finden. Im Internet finden sich aber zahlreiche Anbieter.

Ähnlich wie Styropor müssen auch Hartschaumplatten mit einem entsprechenden Klebstoff verklebt werden. Es empfiehlt sich, pro Tischgruppe einen Kleber zu verwenden. Dies minimiert die Kosten.

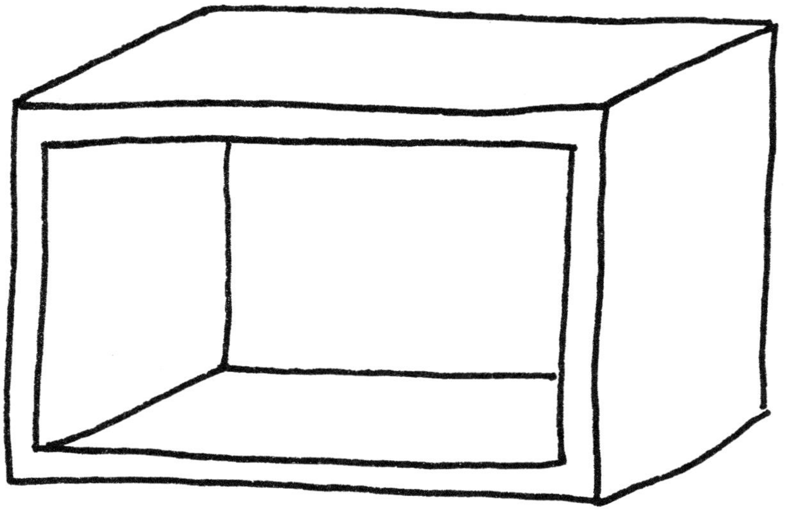

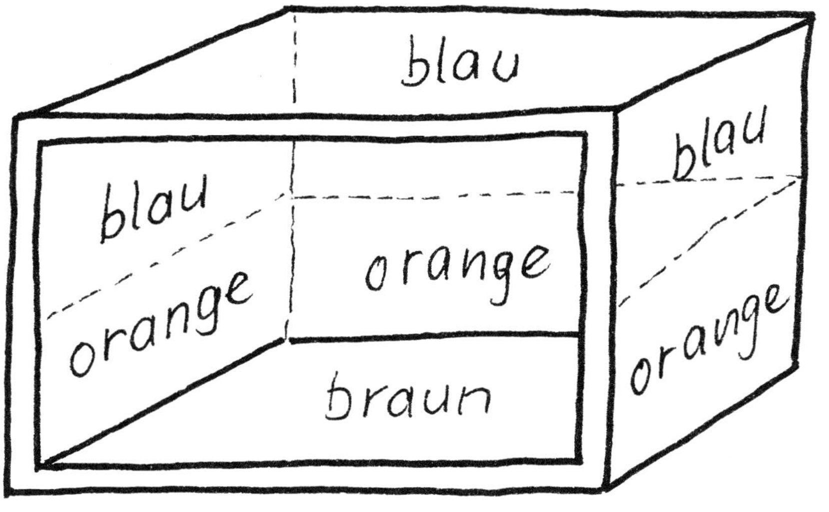

Seitenansicht der Steine

Draufsicht der Steine

gestapelt

„Strandmalerei“

Du brauchst:

- 1 Holzleiste (100 × 2 × 0,5 cm)
- 1 Sperrholzplatte (25 × 20 cm)
- 1 (Japan)Säge/Kindersäge
- Gehrungshilfe
- Holzleim
- Bleistift
- Sand, etwa 500 g
- Sprühflasche mit Wasser
- kleinen Stock als „Stift“, ggf. Bleistift

Vorbereitung:

Sammeln alter Sprühflaschen z. B. ehemalige Reinigungsmittel. Diese dann sehr gut ausspülen, damit wirklich im Anschluss nur Wasser für die Strandmalerei zum Einsatz kommt.
Lassen Sie die Sperrholzplatten bereits beim Baumarkt oder Zulieferer auf Maß zuschneiden. Das erspart unnötige Arbeit und ist nur mit geringen Mehrkosten verbunden. Im Internet gibt es zahlreiche günstige Anbieter für diese Arbeit. Auch die Holzleisten können Sie dort – bereits auf Gehrung geschnitten – maßgefertigt bestellen, wenn die Schüler diesen Arbeitsschritt nicht selbst durchführen sollen oder können. Wenn die Schüler noch ungeübt mit Holzarbeiten oder Sägewerkzeug sind, sollte diese Arbeit unbedingt von einer Fachkraft durchgeführt werden. Ggf. können Eltern hier unterstützen.

Bastelanleitung:

- Klebe die Leisten als Rahmen auf die Holzplatte.
- Achte auch hier darauf, dass die Gehrung passt (siehe Vorlage).
- Lass den Leim trocknen.
- Fülle den Sand in die Bildmitte und verteile ihn gleichmäßig.
- Befeuchte den Sand vorsichtig mit der Sprühflasche.
- Jetzt kannst du mit deinem Ast in den Sand malen.

Welche Sommermotive kommen dir in den Sinn? Du kannst hier ganz kreativ werden.
Wenn du deine Bilder aufheben möchtest, kannst du z. B. Fotos davon aufnehmen! Ansonsten handelt es sich um „vergängliche“ Kunst. Wische einmal über den Sand und beginne von neuem. Viel Spaß!

Alternative für Fortgeschrittene:

- Säge aus der Holzleiste den Rahmen für dein Bild.
- Du benötigst 2 Leisten mit 25 cm Kantenlänge und 2 Leisten mit 20 cm Kantenlänge.
- Schneide die Leisten mit der Gehrungshilfe auf Gehrung (45°-Winkel).
- Achte darauf, dass die Gehrung passt (siehe Vorlage).

L	Vorbereitung	Projekt
	1–2 Stunden	2–3 Stunden

Lernziele: Kreatives Gestalten, Werken (Erprobung und Anwendung verschiedener Arbeitstechniken, Kombination und Zusammenspiel unterschiedlicher Werkstoffe und Materialien (Holz und Sand), Förderung eigener kreativer Gestaltungsprozesse), Erstellung „vergänglicher“ Bilder und Kunstwerke

Hinweise: Wenn die Schüler die Sägearbeiten selbst durchführen können, empfiehlt sich eine Kindersäge (Japansäge). Diese Sägen sind weniger scharfkantig und arbeiten gewöhnlich auf Zug, d.h., es gibt eine saubere, fließende Schneidebewegung, die deutlich ungefährlicher ist als bei der Arbeit mit einer herkömmlichen Säge. Die Schüler müssen bei dieser Arbeit dringend sorgfältig – am besten von mehreren Personen – beaufsichtigt werden, da Verletzungsgefahr besteht. Lassen Sie sich ggf. von Eltern oder Kollegen unterstützen.

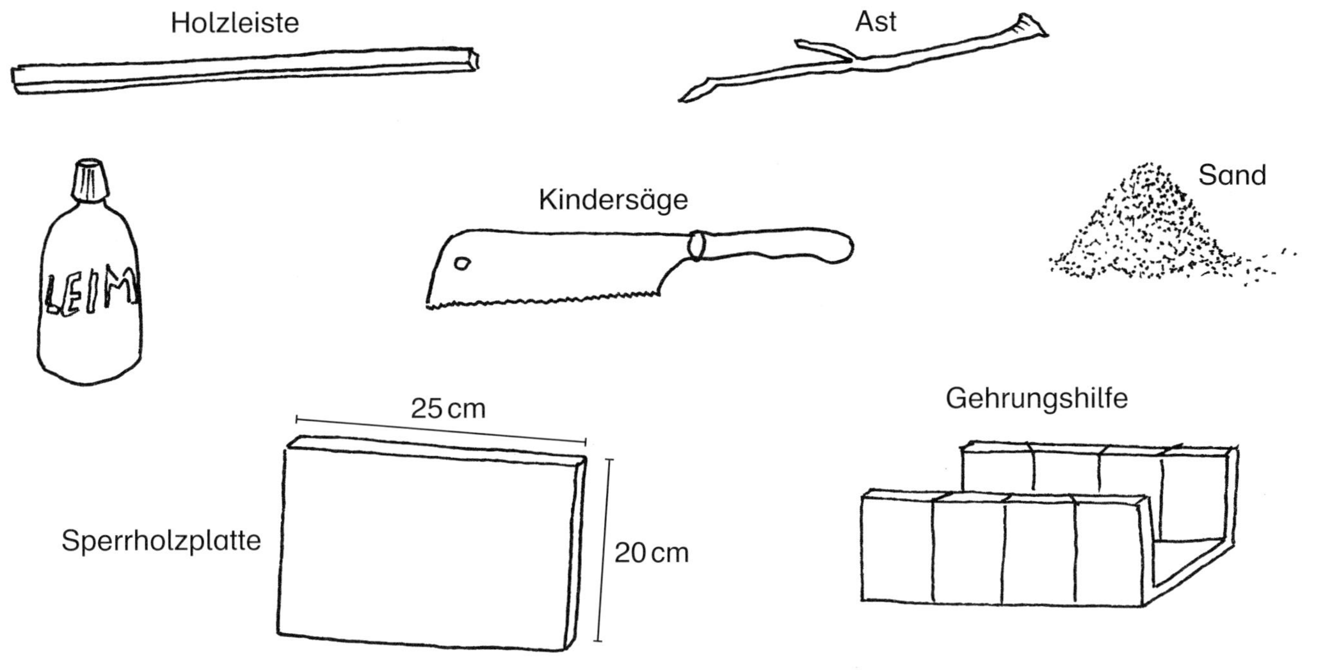
Holzleiste
Ast
LEIM
Kindersäge
Sand
25 cm
Gehrungshilfe
Sperrholzplatte
20 cm

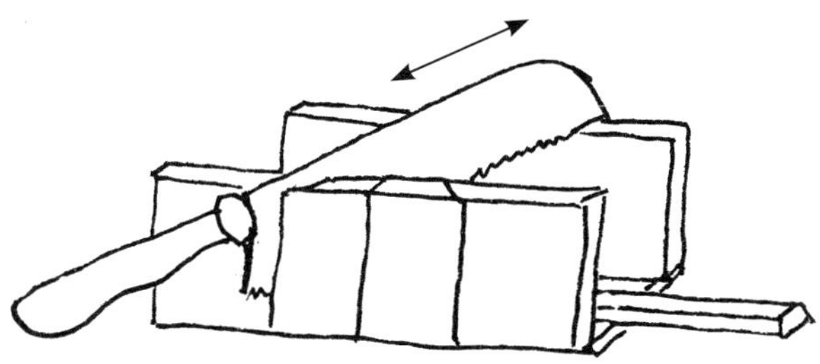

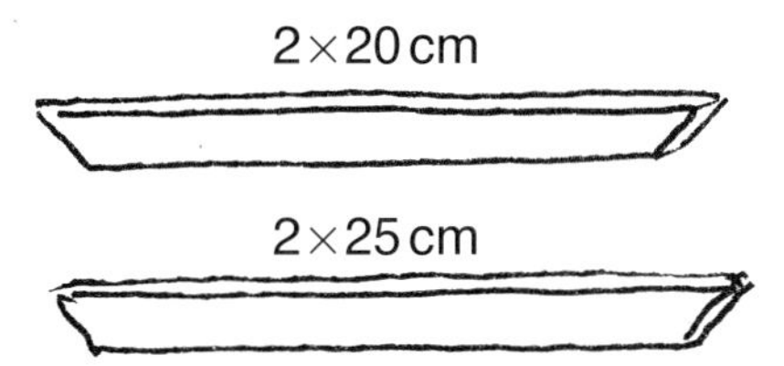
2×20 cm
2×25 cm

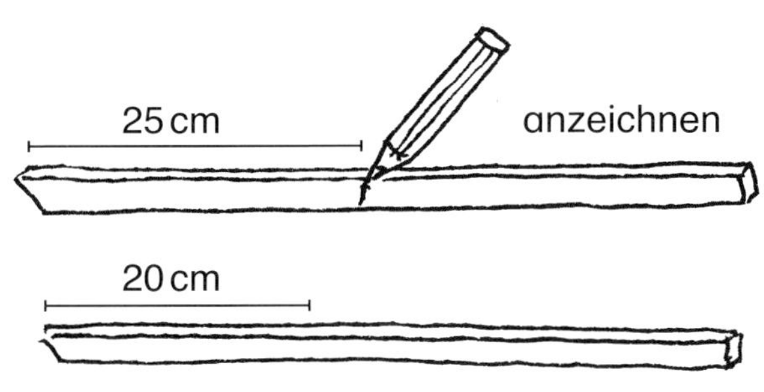
25 cm
anzeichnen
20 cm

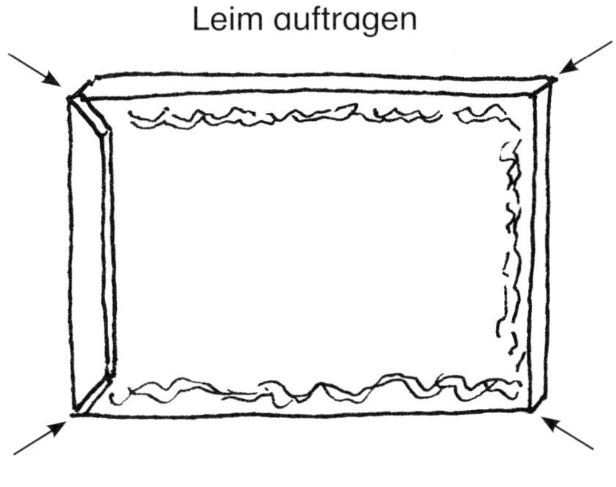
Leim auftragen

trocknen lassen,
Sand einfüllen

„Urlaubsschnappschuss“

Du brauchst:

- 1 Blatt weißen Tonkarton (DIN A4)
- Cutter/Prickelnadel und Unterlage
- Bleistift
- Schere
- Buntstifte

Bastelanleitung:

- Übertrage die Kopiervorlage auf den Tonkarton.
- Schneide das Telefon und die Fotostreifen aus.
- Prickel die gestrichelte Linie im Telefon entlang.
  Schneide nicht das gesamte Innenteil aus!
- Schneide anschließend die 3 Fotostreifen an der gestrichelten Linie ab.
- Zeichne frei Hand einige Urlaubsmotive (gerne auch ausgedachte) auf die Fotostreifen.
- Wenn du die Fotostreifen zwischen den ausgeprickelten Einschnitten einschiebst, sieht es aus, als hättest du die Fotos auf dem Telefon aufgenommen.

L	**Vorbereitung** 10 Minuten	**Projekt** 1 Stunde

Lernziele: Farbiges Gestalten, Kreatives Gestalten (Erprobung und Anwendung verschiedener Arbeitstechniken, selbstständige Anwendung von Farben und Farbkombinationen im eigenen kreativen Gestaltungsprozess), Fantastisches Malen und Zeichnen

Hinweise: Dieses Projekt kann z. B. als Begleitaufgabe mit in die Ferien gegeben werden, sodass die Schüler nach ihrer Rückkehr in den Unterricht einen Gesprächsanlass mit passendem Gegenstand haben, mittels dessen die erfahrenen Urlauberlebnisse anschaulich inszeniert werden können. So können Sie sich den Gesprächsbedarf der Schüler nach den Ferien zunutze machen.

Alternative können Sie das Projekt auch vorbereitend für die Ferien zur Antizipation möglicher Reiseziele verwenden oder mittels einer Fantasie- oder Gedankenreise einleiten.

„Mein Sommerhaus“

Du brauchst:

- 1 Hartschaumplatte (DIN A4, Stärke 5 mm)
- Klebstoff für Hartschaumplatten
- Schere, Cutter und Unterlage
- Bleistift
- Acrylfarbe (braun, rot sowie schwarz und weiß zum Mischen)
- Pinsel
- altes Handtuch zum Trockenstreichen des Pinsels

Bastelanleitung:

- Übertrage die Kopiervorlage auf die Hartschaumplatte.
  Du brauchst die Front, Seite sowie das Dach je 2 Mal.
- Schneide die Bauteile aus.
- Zeichne die Tür und Fenster ein.
- Drücke die Linien mit dem Bleistift (nicht zu spitz) in die Teile.
- Schneide die Fensteröffnungen aus.
- Drücke mit dem Bleistift die Muster (Holz, Stein, Schindeln) in die Teile.
  Die Muster sollten etwa 1–2 mm tief sein.
- Klebe das Haus zusammen.
- Mische einen dunklen Braunton für das Holzhaus.
- Male das Haus dunkel an.
- Mische einen helleren Braunton und bürste das Haus trocken.
- Mische einen noch helleren Braunton.
- Bürste die Ecken und Kanten trocken nach.
- Male den Kamin in einem dunklen Rotton an.
- Bürste den Kamin anschließend in helleren Rottönen trocken.

Fertig ist deine Sommerresidenz!

Trockenbürsten:
Am Einfachsten ist das Trockenbürsten mit einem Borstenhaarpinsel. Wichtig ist nur, dass der Pinsel wirklich trocken ist und nur durch leichtes Streichen bzw. Bürsten Farbpigmente auf das Objekt übertragen werden. So entstehen schöne Akzente.

L	**Vorbereitung** 10 Minuten	**Projekt** 2–3 Stunden

Lernziele: Grafisches Gestalten, Aufspüren von Oberflächenbeschaffenheit (Hartschaum), Kennenlernen neuer Arbeitsmaterialien, Erlernen und Erproben einfacher Malverfahren, Erproben von Materialien und Materialverbindungen, Herstellen von nicht-figürlichen Objekten

Hinweis: Das Arbeiten mit Hartschaumplatten ist sehr einfach. Hartschaumplatten sind leicht schneid- und formbar. Auch lassen sich mit spitzem Bleistift Formen und Motive permanent einritzen. Allerdings ist es nicht immer ganz leicht, das Material im örtlichen Bastelgeschäft oder Baumarkt zu finden. Im Internet finden sich aber zahlreiche Anbieter.

Ähnlich wie Styropor müssen auch Hartschaumplatten mit einem entsprechenden Klebstoff verklebt werden. Es empfiehlt sich, pro Tischgruppe einen Kleber zu verwenden. Dies minimiert die Kosten.

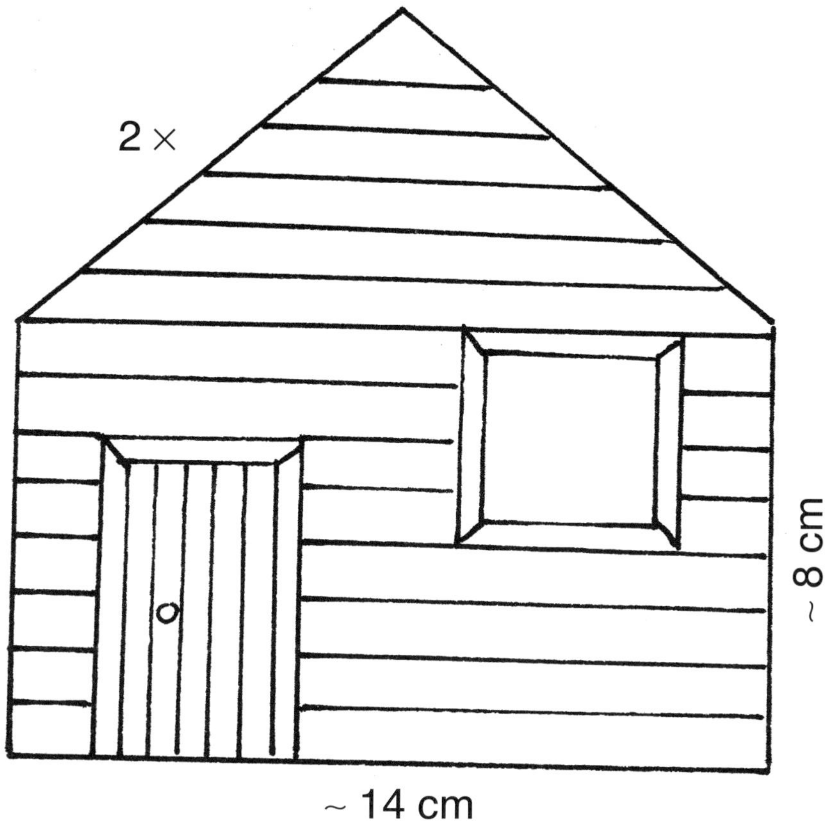
2 ×
~ 8 cm
~ 14 cm

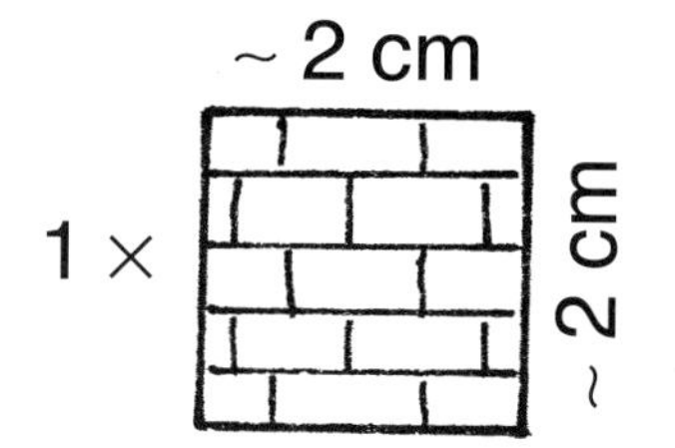
~ 2 cm
1 ×
~ 2 cm

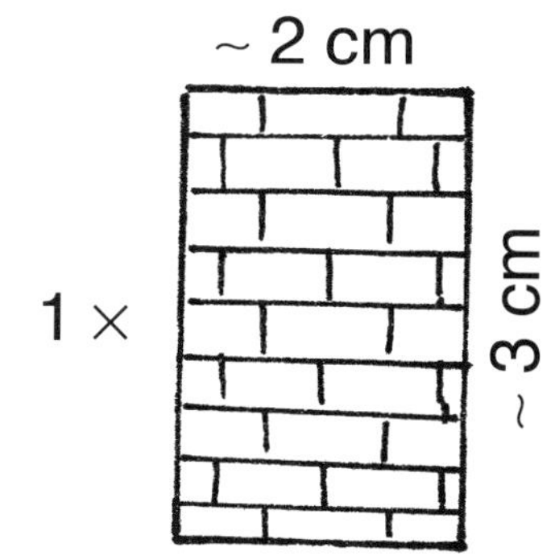
~ 2 cm
1 ×
~ 3 cm

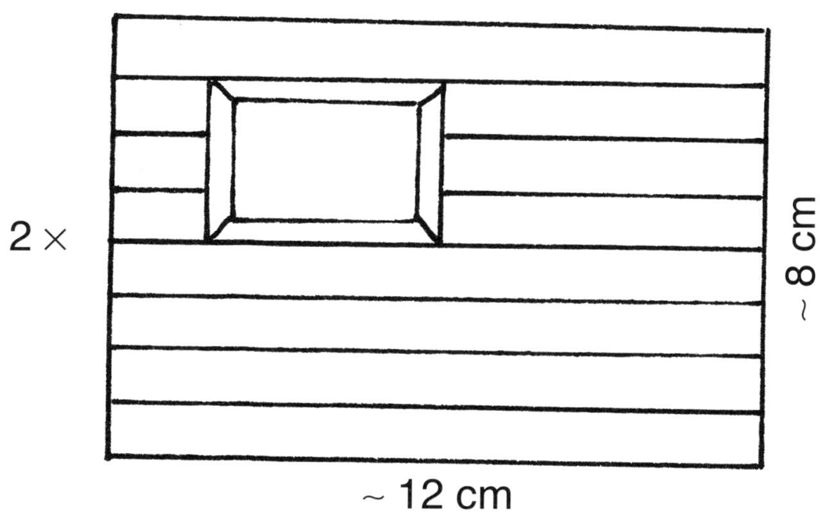
2 ×
~ 8 cm
~ 12 cm

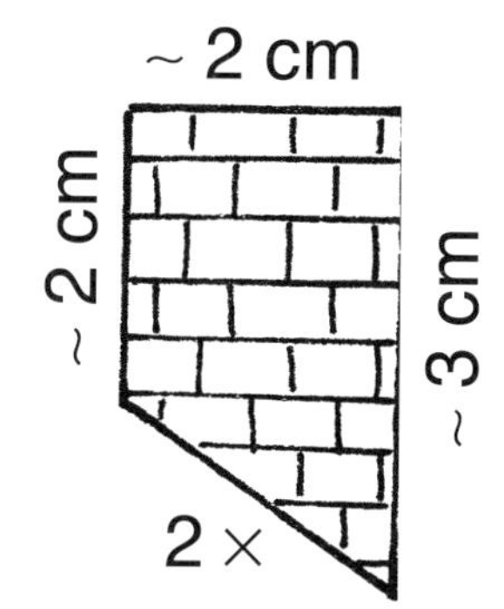
~ 2 cm
~ 2 cm
~ 3 cm
2 ×

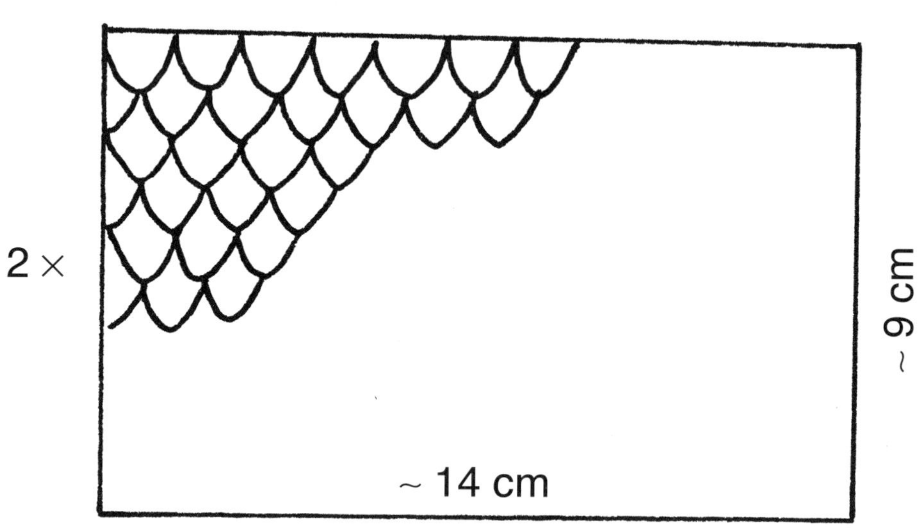
2 ×
~ 9 cm
~ 14 cm

„Sommerliches Namensschild"

Du brauchst:

- 1 Seite weißes Tonpapier (DIN A4)
- Filzstift (schwarz, dick)
- farbige Stifte deiner Wahl
- Cutter/Prickelnadel
- Cutter-/Prickelunterlage

Bastelanleitung:

- Übertrage die Kopiervorlage auf das weiße Tonpapier
- Cutter oder prickel die Sonne entlang der gestrichelten Linie aus.
- Falte das Tonpapier entlang der Mittellinie.
- Zeichne mit dem schwarzen Filzstift den oberen Teil der Sonne nach.
- Male die Sonne farbig aus.
- Schreibe deinen Namen auf dein sommerliches Namensschild.

L	**Vorbereitung** 10 Minuten	**Projekt** 1 Stunde

Lernziele: Kreatives Gestalten (Einführende Erprobung und Anwendung verschiedener Arbeitstechniken, Kombination und Zusammenspiel unterschiedlicher Werkstoffe und Materialien, Anwendung von Farben und Farbkombinationen im eigenen Schaffens- und Gestaltungsprozess)

„Sommerliches Namensschild“

Du brauchst:

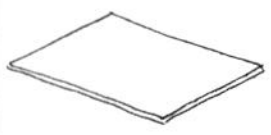
1 Blatt weißes Tonpapier (DIN A4)

1 schwarzen Filzstift

farbige Stifte deiner Wahl

Prickelnadel

Prickelunterlage

Bastelanleitung:

(1) ☐ 
Übertrage die Kopiervorlage.

(2) ☐ 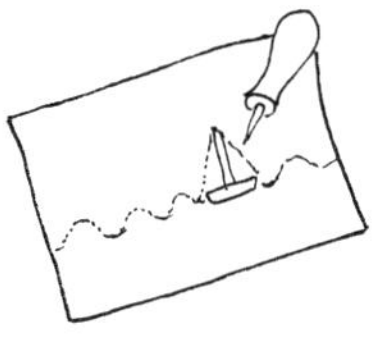
Prickle das Segelboot und die Wellen aus.

(3) ☐ 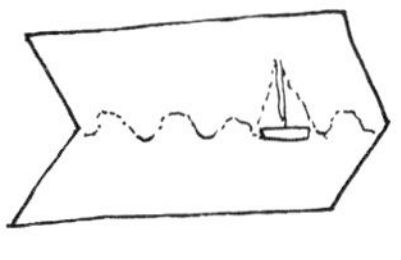
Falte das Papier entlang der Mittellinie.

(4) ☐ 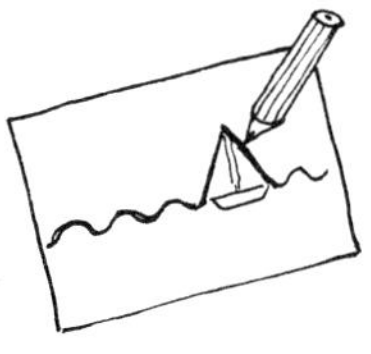
Male die Ränder von Segelboot und Wellen schwarz nach.

(5) ☐ 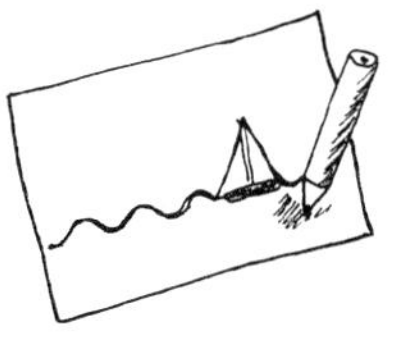
Male das Boot und die Wellen farbig an.

(6) ☐ 

Schreibe deinen Namen auf das Namensschild.

(7) ☐ 
Aufräumen nicht vergessen!

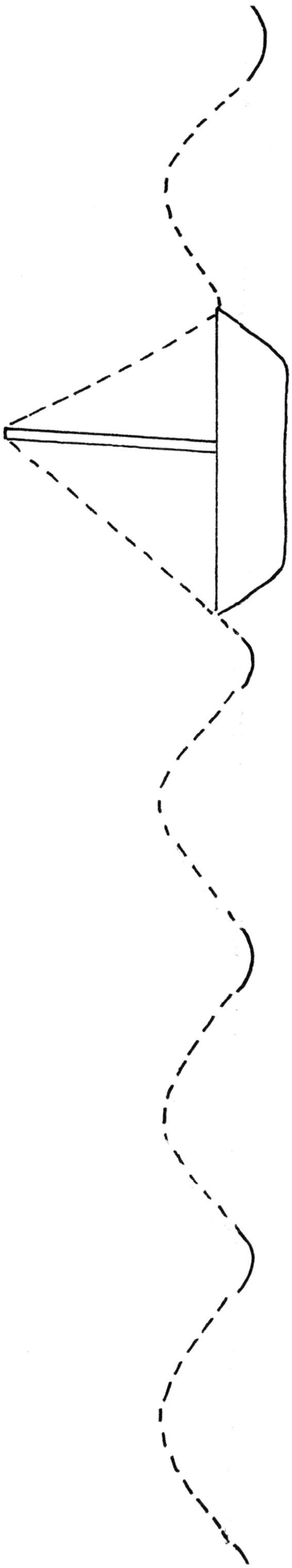

„Buddelschiff“

Du brauchst:

- Blatt Papier, DIN A7
- Fineliner (schwarz)
- farbige Buntstifte
- 1 Flasche (klar)
- 1 Korken
- etwas Wasser
- Tinte
- Styropor (1× 25×20×2,5 cm, 2× 15×15×2,5 cm)
- Styroporkleber
- Zahnstocher
- Acrylfarbe (blau)
- Pinsel
- Klebestreifen

Bastelanleitung Buddelschiff:

- Färbe das Wasser (etwa 200 ml) mit ein wenig Tinte blau.
- Fülle das Wasser in die Flasche.
- Verschließe die Flasche mit dem Korken.
- Übertrage die Vorlage auf das Blatt Papier.
- Gestalte das Schiff farbig aus.
- Klebe das Blatt Papier mit dem Motiv nach innen auf die Flasche. Dann kann man das Schiff nachher beim Durchschauen „in der Flasche“ sehen.

Vorbereitung Buddelständer:

Das Schneiden der Styroporteile für den Ständer der Flasche ist nicht einfach und bedarf etwas Vorbereitung durch die Lehrkraft bzw. der Eltern. Aus den beiden kleineren Styroporelementen soll die Fassung für die Flasche entstehen. Dazu müssen aus diesen Elementen halbkreisförmig Aussparungen geschnitten werden, in denen später die Flasche liegt. Die Flasche kann dazu als Richtmaß verwendet werden. Sie wird zum Zeichnen einfach aufgelegt. Anschließend kann die Aussparung leicht mit einem scharfen Messer ausgeschnitten werden.

Bastelanleitung Buddelständer:

- Stecke 2–3 Zahnstocher zur Hälfte in die Unterseite der Styroporhalterung.
- Trage zusätzlich etwas Klebstoff auf.
- Klebe die Halterung auf die große Styroporplatte.
- Achte darauf, dass die Elemente nah genug beieinander stehen, damit die Flasche auch gerade aufliegt.
- Male die Halterung blau an.
- Lass die Halterung gut trocknen, bevor du deine Flasche hineinlegst.

L	Vorbereitung	Projekt
	10 Minuten	2–3 Stunden

Lernziele: Grafisches Gestalten, Kreatives Gestalten, Kennenlernen neuer Arbeitsmaterialien, Erlernen und Erproben einfacher Perspektiven, Erproben von Materialien und Materialverbindungen, Herstellen von nicht-figürlichen Objekten

„Buddelschiff“

Du brauchst:

Blatt Papier, DIN A7

schwarzen Fineliner

farbige Buntstifte

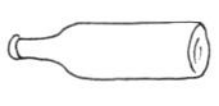
1 Flasche (klar)

1 Korken

etwas Wasser

Tinte

Styropor
(1× 25×20×2,5 cm,
2× 15×15×2,5 cm)

Styroporkleber

Zahnstocher

Abtönfarbe (blau)

Pinsel

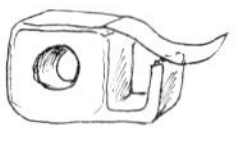
Klebestreifen

Bastelanleitung:

① ☐

Färbe das Wasser mit ein wenig Tinte blau.

② ☐
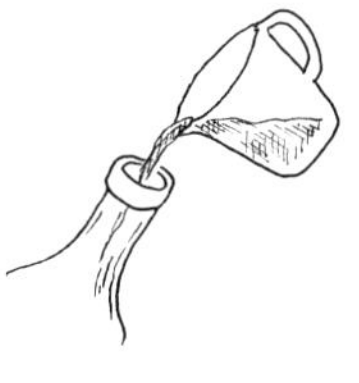
Fülle das Wasser in die Flasche.

③ ☐

Verschließe die Flasche mit dem Korken.

④ ☐
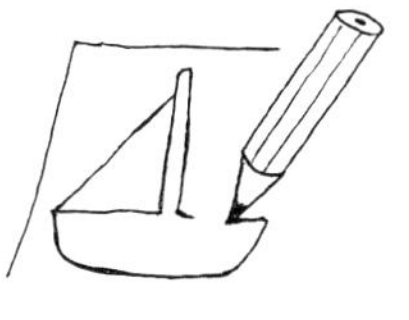
Übertrage die Vorlage eines Schiffes auf das Blatt Papier.

⑤ ☐

Gestalte das Schiff farbig aus.

⑥ ☐

Klebe das Blatt Papier auf die Flasche.

⑦ ☐

Aufräumen nicht vergessen!

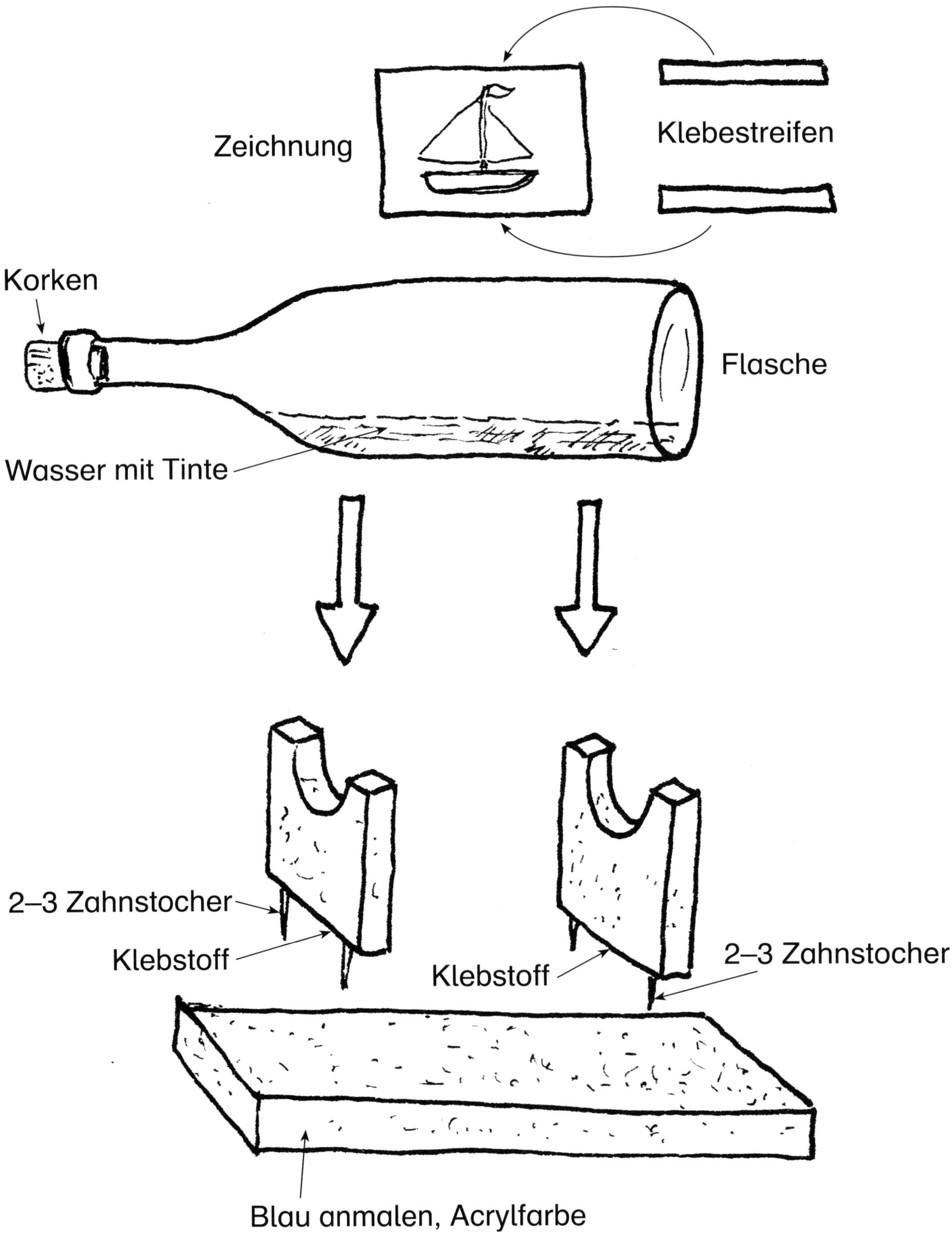
Zeichnung
Klebestreifen
Korken
Flasche
Wasser mit Tinte
2–3 Zahnstocher
Klebstoff
Klebstoff
2–3 Zahnstocher
Blau anmalen, Acrylfarbe

„Mein eigener Stempel"

Du brauchst:

- 1 Bogen Styrodur oder Depron, 2 mm stark (DIN A5)
- Schmierpapier
- Styroporklebstoff
- Prickelnadel/-unterlage
- Schneideunterlage
- Bleistift, Anspitzer
- Lineal
- Stempelkissen
- einige Holzwürfel (3×3 cm); alternativ: Korken

Bastelanleitung:

- Entscheide dich für 2–3 Motive, die dir am besten gefallen.
- Zeichne ein Gitternetz mit Bleistift und Lineal auf das Styrodur.
- Es sollen Quadrate mit den Maßen 4×4 cm entstehen.
- Schneide die Quadrate aus. Nimm das Lineal zu Hilfe.
- Du benötigst pro Stempel zwei Quadrate. Ein Quadrat ist die Bodenplatte für deinen Stempel. Aus dem anderen Quadrat schneidest du das Motiv aus.
- Übertrage die Motive deiner Wahl mit Bleistift auf die Styrodurquadrate.
- Mit einem spitzen Bleistift kannst du das Motiv schon ein wenig einritzen. Dann ist das Schneiden leichter.
- Schneide die jeweiligen Motive aus und klebe sie auf die Bodenplatte.
- Klebe nach dem Trocknen einen Holzwürfel oder Korken als Griff auf die Rückseite der Bodenplatte.

Fertig ist dein Stempel! Probier ihn doch gleich einmal aus und gestalte damit z. B. Grußkarten oder die Tischdekoration.

L	**Vorbereitung** 10 Minuten	**Projekt** 1–2 Stunden

Lernziele: Grafisches Gestalten, Aufspüren von Oberflächenbeschaffenheit (Hartschaum), Kennenlernen neuer Arbeitsmaterialien, Erlernen und Erproben einfacher Druckverfahren (Stempeln, Materialdruck)

Hinweise: Das Arbeiten mit Styrodur bzw. Depron ist sehr einfach. Styrodur ist leicht schneid- und formbar. Auch lassen sich mit spitzem Bleistift Formen und Motive permanent einritzen. Nur ist es nicht immer ganz leicht, das Material im örtlichen Bastelgeschäft oder Baumarkt zu finden. Im Internet finden sich aber zahlreich Anbieter.

Ähnlich wie Styropor müssen auch Styrodur oder Depron mit einem entsprechenden Klebstoff verklebt werden. Es empfiehlt sich, pro Tischgruppe einen Kleber zu verwenden. Dies minimiert die Unkosten.

Anstelle der Holzwürfel können auch Styroporwürfel als Griff verwendet werden. Alternativ können die Stempel auch kostengünstig aus Filz und Pappe gebaut werden.

Wichtig: Für die Lernschwächeren müssen die Styrodurquadrate entsprechend vorbereitet und zur Verfügung gestellt werden.

Falls sich die Arbeit mit dem Material als zu schwierig erweist, können die Lernschwächeren die Motive aus Moosgummi ausschneiden.

„Mein eigener Stempel“

Du brauchst:

1 Bogen Styrodur (DIN A5)

Styroporklebstoff

Prickelnadel

Unterlage

Bleistift

Lineal

Stempelkissen

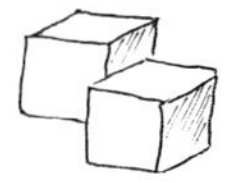
Holzwürfel (3 × 3 cm)

Bastelanleitung:

① ☐

Schneide das Bild aus.

② ☐

Klebe das Bild auf das Quadrat.

③ ☐

Pro Stempel zwei Quadrate!

④ ☐

Quadrat (1) ist für die Bodenplatte.

⑤ ☐

Quadrat (2) ist für das Bild.

⑥ ☐

Übertrage das Bild.

⑦ ☐

Prickel das Bild aus.

⑧ ☐

Klebe das Bild auf die Bodenplatte.

⑨ ☐

5 min. trocknen lassen.

⑩ ☐
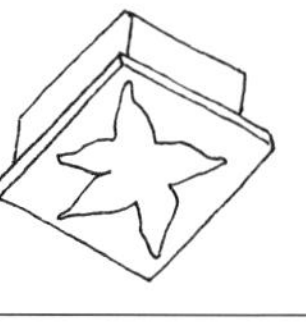
Klebe den Holzwürfel als Griff fest.

⑪ ☐

Nicht vergessen: Aufräumen!

Fertig ist der erste Stempel!
Probier ihn doch gleich einmal aus!

„Ich packe meinen Koffer“

Du brauchst:

- 1 Blatt Papier, DIN A3 (120g)
- Bleistift
- Materialfundus an Bildern von Dingen für den Urlaub (Kleidungsstücke, Reisebedarf, Sportgeräte, technische Geräte, Sonnencreme, Reiseapotheke, usw.)
- Schere
- Klebstoff
- farbige Stifte

Bastelanleitung:

- Übertrage die Kopiervorlage des Koffers.
- Falte den Koffer in der Mitte.
- Schneide den Koffer aus.
- Male die Rückseite des Koffers farbig an.
- Klebe auf die Innenseite die Bilder der Dinge, die du gerne mit in den Urlaub nehmen möchtest.
  Versuche, nichts Wichtiges zu vergessen.
  Die einzelnen Gegenstände im Koffer können übereinander liegen. So kannst du sie dann auch aufkleben.

Viel Freude beim Packen!

L	**Vorbereitung** 10 Minuten	**Projekt** 1–2 Stunden

Lernziele: Kreatives Gestalten, Collagieren (Experimentieren und Gestalten mit unterschiedlichen Materialien, Erfahren von Wechselbeziehungen unterschiedlicher Materialien, Zeichen- und Bildstile).

Hinweise: Für die Arbeit mit Kollagen ist es stets wichtig, dass den Schülern für ihre Bastelarbeiten ein großer Fundus an Auswahlmaterialien zur Verfügung steht. Ohne die nötige Materialvielfalt ist ein kreatives und phantasievolles Arbeiten häufig stark erschwert.

Planen Sie daher für die Erstellung des Materialfundus entsprechend voraus. 2–3 Wochen vor Beginn des Bastelprojektes sollten die Schüler bereits auf Materialsuche gehen. Eine Woche vor Projektbeginn sollte das Material mit in die Schule gebracht und gemeinsam gesichtet werden. Dann kann ggf. noch „nachgesteuert“ werden.

Zusätzlich ist es ratsam, auch als Lehrkraft einen „Ersatzfundus“ anzulegen, aus dem sich Schüler, die dann doch noch zusätzliches Material benötigen, bei Bedarf bedienen können.

„Ich packe meinen Koffer“

Du brauchst:

1 Blatt Papier, 120 g, DIN A3

Bleistift

Bilder von Dingen für den Urlaub (Kleidungsstücke, Sportgeräte, Sonnencreme …

farbige Stifte

Schere

Klebstoff

Bastelanleitung:

① ☐
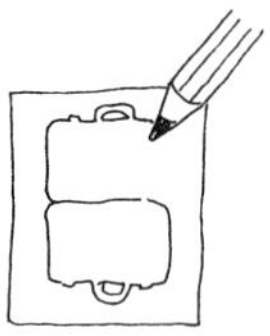
Übertrage die Kopiervorlage des Koffers.

② ☐
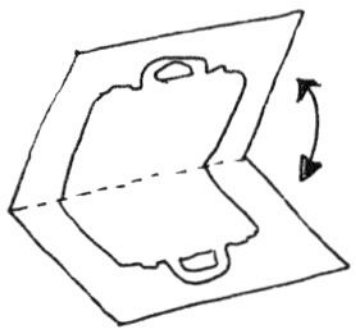
Falte den Koffer in der Mitte.

③ ☐
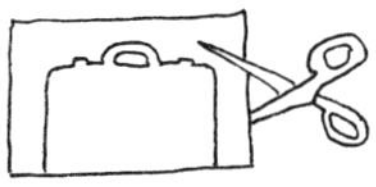
Schneide den Koffer aus.

④ ☐

Male die Rückseite des Koffers farbig an.

⑤ ☐

Schneide Bilder von den Dingen aus, die du gerne mit in den Urlaub nehmen möchtest.

⑥ ☐

Klebe die Bilder auf die Innenseite des Koffers.

⑦ ☐

Die einzelnen Gegenstände im Koffer können übereinander liegen.

⑧ ☐
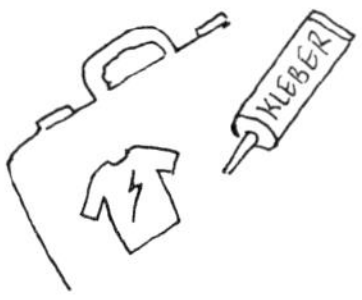

So kannst du sie dann auch aufkleben.

⑨ ☐

Nicht vergessen: Aufräumen!

Kopiervorlage: „Ich packe meinen Koffer“

„Das Super-Eis“

Du brauchst:

- 1 Blatt Tonpapier (DIN A4)
- Bleistift
- Schere
- Stoffschere
- Klebstoff
- verschiedene Materialreste mit unterschiedlicher Oberfläche (z. B. Spüllappen, altes T-Shirt oder Hose, Wellpappe, altes Handtuch, Papiertaschentuch, Schmirgelpapier, Moosgummi, Raufasertapete, Alufolie, Plastiktüte, alter Teppich, Packpapier, Pappkarton, Luftpolsterfolie, usw.)

Vorbereitung:

Lege eine Materialkartei aus den oben genannten Materialien sowie selbst ausgewählten Materialien an. Wichtig ist dabei, dass die Materialien sich alle unterschiedlich anfühlen.

Bastelanleitung:

- Bastle ein Super-Eis mit verschiedenen Eissorten, die sich alle unterschiedlich anfühlen.
- Übertrage die Kopiervorlage auf das Tonpapier.
- Schneide ein Stück Material für die Waffel zurecht und klebe sie auf.
- Schneide aus deinen Materialien verschiedene Kreise aus und klebe sie als Eiskugeln auf dein Bild.
- Lass abschließend deinen Tischnachbarn mit geschlossenen Augen dein Eis erfühlen.

L	Vorbereitung	Projekt
	1–2 Stunden	2–3 Stunden

Lernziele: Kreatives Gestalten, Erprobung und Anwendung verschiedener Arbeitstechniken, Kombination und Zusammenspiel unterschiedlicher Werkstoffe und Materialien (Stoffe, Folien, Tücher, usw.), Förderung eigener kreativer Gestaltungsprozesse

Hinweise: Für die Arbeit mit materialintensiven Projekten ist es grundlegend, dass den Schülern für ihre Bastelarbeiten eine große Auswahl an unterschiedlichen Materialien zur Verfügung steht. Ohne die nötige Vielfalt ist ein phantasievolles Arbeiten nur schwer möglich.

Planen Sie daher für die Erstellung des Materialfundus entsprechend voraus. 2-3 Wochen vor Beginn des Bastelprojektes sollten die Schüler bereits auf Materialsuche gehen. Eine Woche vor Projektbeginn sollte das Material mit in die Schule gebracht und gemeinsam gesichtet werden. Dann kann ggf. noch „nachgesteuert“ werden.

Zusätzlich ist es ratsam, auch als Lehrkraft einen „Ersatzfundus“ anzulegen, aus dem sich Schüler, die dann doch noch zusätzliches Material benötigen, bei Bedarf bedienen können.

„Das Super-Eis“

Du brauchst:

- 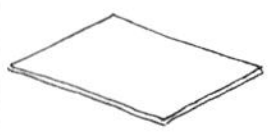 1 Blatt Tonpapier (DIN A4)
-  Bleistift
-  Schere
-  Stoffschere
-  Klebstoff
-  verschiedene Materialreste mit unterschiedlicher Oberfläche

Vorbereitung:

Lege eine Materialkartei an. Dazu gehören z. B. Spüllappen, altes T-Shirt oder Hose, Wellpappe, altes Handtuch, Papiertaschentuch, Schmirgelpapier, Moosgummi, Raufasertapete, Alufolie, Plastiktüte, alter Teppich, Packpapier, Pappkarton oder Luftpolsterfolie. Wichtig ist dabei, dass die ausgewählten Materialien sich alle unterschiedlich anfühlen.

Bastelanleitung:

① ☐  Übertrage die Kopiervorlage auf das Tonpapier.

② ☐  Schneide ein Stück Material für die Waffel zurecht.

③ ☐  Klebe die Waffel auf.

④ ☐  Schneide aus deinen Materialien verschiedene Kreise aus.

⑤ ☐  Klebe die Kreise als Eiskugeln auf dein Bild.

⑥ ☐  Du kannst deinen Nachbarn dein Eis erfühlen lassen. Errät er alle Materialien?

⑦ ☐  **Nicht vergessen: Aufräumen!**

„Eiskalte Erfrischung“

Du brauchst:

- 1 Blatt Tonpapier (DIN A4)
- Bleistift oder schwarzen Fineliner
- Prickelnadel und Unterlage
- Reste Transparentpapier (z. B. weiß, blau, gelb, orange)
- Klebstoff

Bastelanleitung:

- Übertrage die Kopiervorlage auf das Tonpapier.
- Prickel die Karte entlang der gestrichelten Linie aus.
- Schneide farblich passendes Transparentpapier zurecht.
- Klebe das Transparentpapier hinter die Öffnungen.
  Achte darauf, dass der Kleber nicht verschmiert.
- Falte die Karte abschließend zu einer Doppelkarte.

L	Vorbereitung 10 Minuten	Projekt 1 Stunde

Lernziele: Farbiges Gestalten, Kreatives Gestalten (Erprobung und Anwendung verschiedener Arbeitstechniken, Erfahrung des Zusammenspiels unterschiedlicher Materialien)

Hinweise: Alternativ kann die Karte natürlich auch einfach mit dem Farbkasten oder Buntstiften farbig ausgestaltet werden. Das erleichtert die Arbeit und reduziert den Schwierigkeitsgrad. Sie können es den Schülern auch freistellen, auf welche Art und Weise die Karte bearbeitet wird.

Die Karte eignet sich zum Beispiel als Einladungskarte zum Sommerfest.

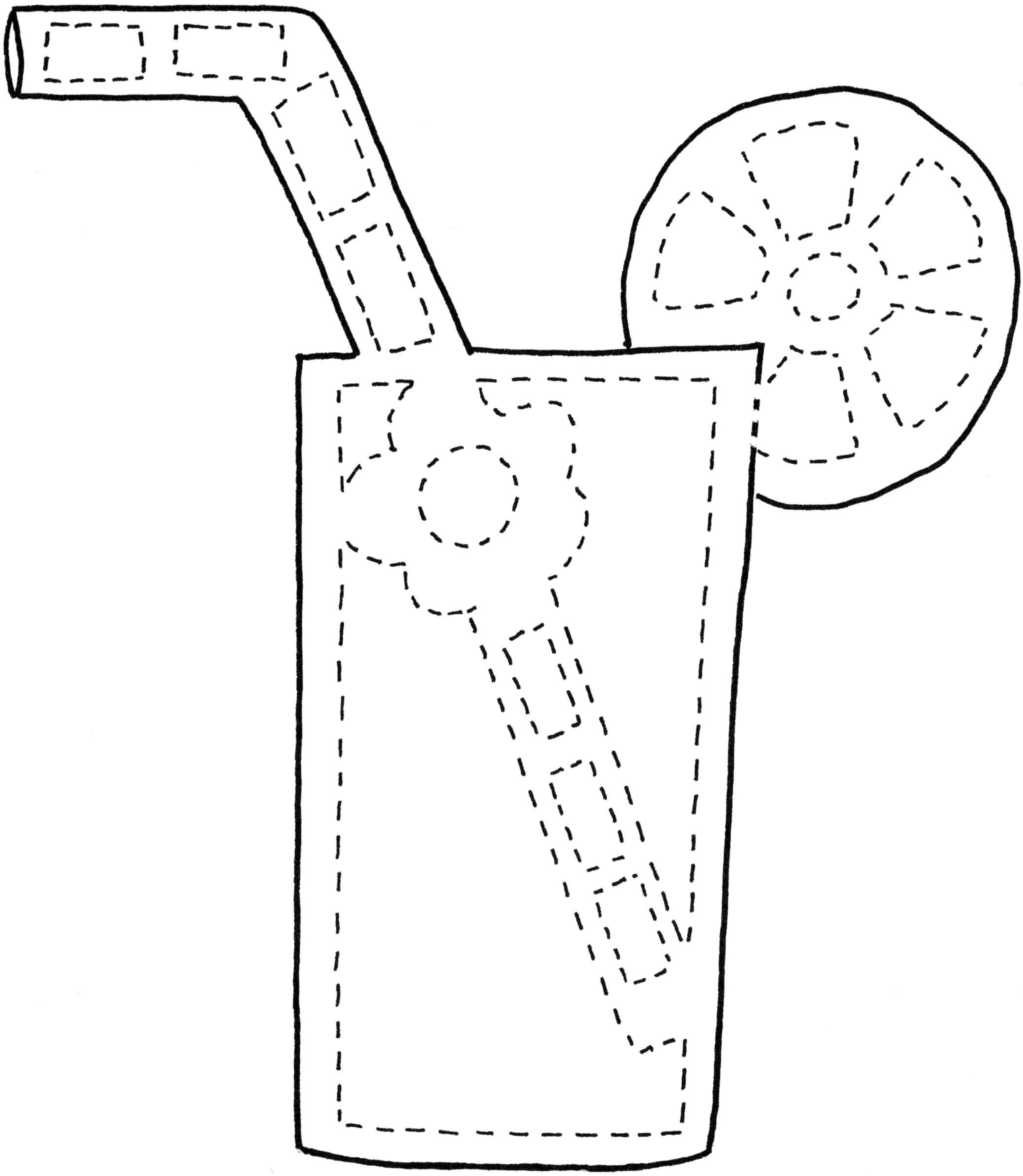

Palminsel

Du brauchst:

- 1 Blatt Tonpapier/Aquarellpapier (DIN A4)
- Bleistift oder schwarzen Fineliner
- Farbkasten
- Pinsel
- Wasserglas
- Küchenrolle

Bastelanleitung:

- Übertrage die Kopiervorlage auf das Tonpapier.
- Zeichne weitere Dinge auf die Karte, wenn du magst.
- Aquarelliere die Karte farbig.
  Verwende dazu viel Wasser und wenig Farbe.
  Achte darauf, dass das Blatt Papier nicht wellig wird.
- Tupfe überschüssiges Wasser ab.
- Lass die Farbe trockenen.
- Falte die Karte abschließend zu einer Doppelkarte.

L	Vorbereitung 10 Minuten	Projekt 1 Stunde

Lernziele: Farbiges Gestalten, Kreatives Gestalten (Erprobung und Anwendung verschiedener Arbeitstechniken, Fokus: Aquarellieren)

Hinweise: Alternativ kann die Karte natürlich auch einfach mit dem Farbkasten oder Buntstiften farbig ausgestaltet werden. Das erleichtert die Arbeit und reduziert den Schwierigkeitsgrad. Sie können es den Schülern auch freistellen, auf welche Art und Weise die Karte koloriert wird. Fortgeschrittenen Schülern können sie auch die inhaltliche Ausgestaltung der Karte freistellen. Es könnte lediglich die Insel als Rahmen übernommen oder völlig frei gearbeitet werden.

Die Karte eignet sich zum Beispiel als Grußkarte aus den Sommerferien oder für einen Schreibanlass zu einer fiktiven Urlaubsreise oder Kreuzfahrt mit „Schiffbruch".

Flaschenpost

Du brauchst:

- 1 leere Flasche
- Korken
- Siegelwachs
- Teelicht, Streichhölzer
- Blatt Papier (DIN A5)
- Tonkarton (DIN A5)
- Fineliner (schwarz)
- Buntstifte

Bastelanleitung:

- Übertrage die Kopiervorlage deiner **Nachricht** auf das Blatt Papier.
- Schreibe anschließend eine Nachricht auf die Flaschenpost.
- Rolle die Nachricht auf und versiegle die Botschaft.
  Lass dir von der Lehrkraft helfen, wenn nötig.
- Übertrage die Kopiervorlage der **Antwortkarte** auf den Tonkarten.
- Ergänze fehlende Informationen (Adresse, etc.)
- Gestalte die Antwortkarte farbig aus.
- Rolle die Karte auf und stecke sie auch in die Flasche.
- Verschließe abschließend die Flasche mit dem Korken.

L	**Vorbereitung** 10 Minuten	**Projekt** 1 Stunde

Lernziele: Kreatives Gestalten (Erprobung und Anwendung verschiedener Arbeitstechniken, Auseinandersetzung mit unterschiedlichen Arbeitsmaterialien und deren Zusammenspiel)

Hinweis: Bei Arbeit mit Kerzen und offenem Feuer ist stets besondere Vorsicht geboten. Der Einsatz von Teelicht und Siegelwachs sollte nur unter sorgfältiger Aufsicht erfolgen. Ggf. können Sie das Versiegeln der Briefe für Ihre Schüler übernehmen oder die Eltern der Kinder bitten, dies zu übernehmen. Erst dann wird die Flasche verkorkt.

Wenn mit der Rücksendekarte gearbeitet wird, könnte überlegt werden, ob exemplarisch eine ausgewählte Flaschenpost tatsächlich verschickt wird. Vielleicht wird sie gefunden und die Klasse erhält eine Antwort?

Die Schüler können auch einen eigenen kreativen Text für die Antwortkarte entwerfen und entsprechend aufschreiben. Dies kann auch im fächerübergreifenden Unterricht, z. B. Deutsch, stattfinden.

(Deine Nachricht)

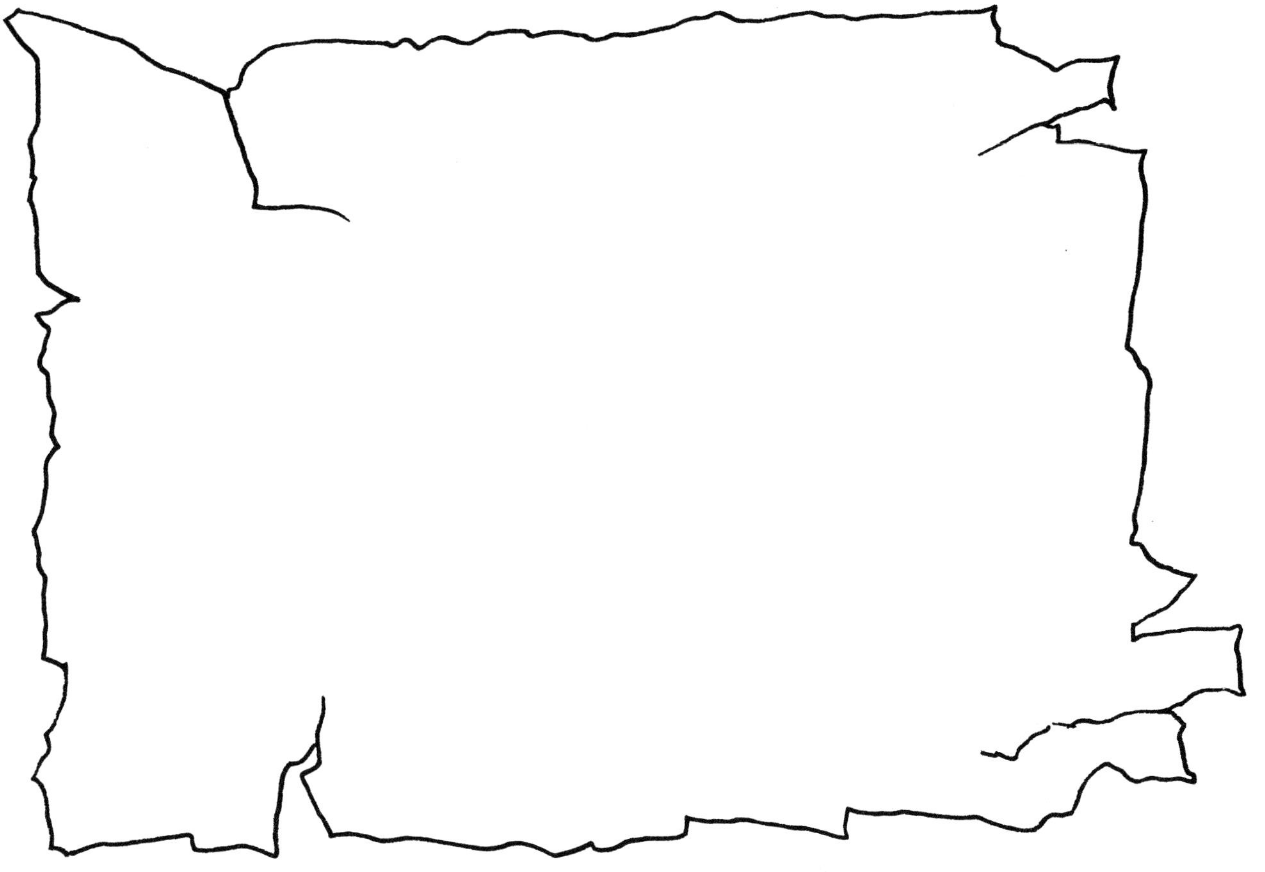

(Deine Antwortkarte)

Hallo lieber Finder!

Ich würde mich freuen, wenn Du mir diese Karte zurückschickst und mir schreibst, wo Du meine Flaschenpost gefunden hast.

Vielleicht magst Du mir auch erzählen, wer Du bist und woher Du kommst.

Danke für Deine Zeit und Mühe!

Bitte frei machen

An:

____

____

____

____

„Wellenkämme“

Du brauchst:

- 1 Blatt Papier, weiß (DIN A4)
- Blatt Papier, hellblau (DIN A5)
- Bleistift oder schwarzen Fineliner
- Prickelnadel und Unterlage
- Farbkasten
- Pinsel
- Klebstoff

Bastelanleitung:

- Übertrag die Kopiervorlage auf das Papier.
- Male die Wellen in unterschiedlichen Blautönen an.
- Lass die Farbe kurz trocknen.
- Prickel die Wellen entlang der Wellenkämme.
- Knicke die einzelnen Wellen anschließend leicht nach vorne.
  So entsteht „Bewegung“ auf der Karte.
- Falte die Karte zu einer Doppelkarte.
- Klebe anschließend das hellblaue Papier auf die Innenseite der Karte.
  Klebe so, dass die geprickelten Wellen weiterhin vorstehen.
  Trage also nicht zu viel Klebstoff auf.

L	Vorbereitung 10 Minuten	Projekt 1 Stunde

Lernziele: Farbiges Gestalten, kreatives Gestalten (Erprobung und Anwendung verschiedener Arbeitstechniken, Fokus: Aquarellieren)

„Wellenkämme“

Du brauchst:

1 Blatt Papier, weiß (DIN A4)

Blatt Papier, hellblau (DIN A5)

Bleistift oder schwarzen Fineliner

Prickelnadel

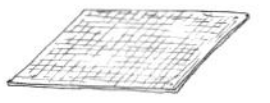
Unterlage

Farbkasten

Pinsel

Klebstoff

Bastelanleitung:

① ☐

Übertrage die Kopiervorlage auf das weiße Blatt Papier.

② ☐
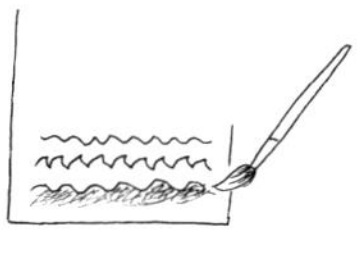
Male die Wellen in unterschiedlichen Blautönen an.

③ ☐

WARTEN
Lass die Farbe kurz trocknen.

④ ☐

Prickel die Wellen entlang der Wellenkämme aus.

⑤ ☐

Knicke die einzelnen Wellen anschließend leicht nach vorne.

⑥ ☐
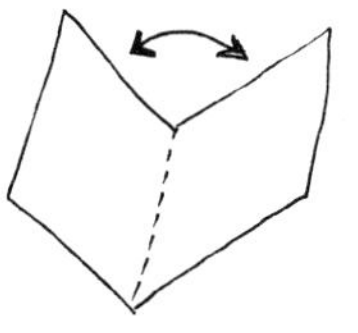
Falte die Karte zu einer Doppelkarte.

⑦ ☐

Klebe anschließend das hellblaue Papier auf die Innenseite der Karte.

⑧ ☐
Klebe so, dass die geprickelten Wellen weiterhin vorstehen.

⑨ ☐

Trage also nicht zu viel Klebstoff auf.

⑩ ☐

Aufräumen nicht vergessen!

Fantasievolle Weitermalbilder

Die Weitermalbilder haben alle einen ähnlichen Bastelauftrag, daher kann die Bastelanleitung für alle fünf folgenden Weitermalbilder verwendet werden. Alternativ zur Ausgestaltung mit farbigen Buntstiften können die Bilder auch als Aquarelle mit dem Farbkasten farbig gestaltet werden. Dann sollte allerdings etwas schwereres Papier verwendet werden (DIN A4, mindestens 120 g) und der Zeitfaktor von einer auf zwei Schulstunden ausgeweitet werden.

„Picknick am Strand“
„Auf und unter der Luftmatratze“
„Zwischen zwei Palmen“
„Sommernachts-Traum“
„Die größte Wasserrutsche der Welt“

Du brauchst:

- 1 Blatt Papier (DIN A4)
- Bleistift
- Radiergummi
- farbige Buntstifte

Bastelanleitung:

- Übertrage die Kopiervorlage auf das Papier.
  (Alternativ kann der Lehrer eine Kopie für jedes Kind vorbereiten)
- Sieh dir den Titel des Bildes an und stelle dir vor, was in dem Bild passieren könnte.
- Male zunächst mit Bleistift frei nach deiner Vorstellung, was passiert. Vielleicht passiert auf deinem Bild ja etwas ganz Überraschendes?
- Male deine Bleistiftzeichnung abschließend farbig an.

L	Vorbereitung 10 Minuten	Projekt 1 Stunde

Lernziele: Grafisches Gestalten, Farbiges Gestalten, Kreatives Gestalten (Erprobung graphischer Mittel in der eigenen Bildgestaltung, Umsetzung von Fantastischem in Bildform, Darstellung von Abläufen, Beziehungen und Sachverhalten in graphisch räumlicher Form, Illustration eigener fantastischer Annahmen und Überlegungen, Einsetzen von Farben und Farbwirkung bei der Gestaltung von Bildern, im fortgeschrittenen Stadium auch zum Ausgestalten und Akzentuieren).

Hinweise: Es lohnt sich immer, einen Stoß dieser Weitermalbilder auf Vorrat bereitzuhalten. Egal ob für eine Vertretungsstunde oder als Material für Schüler, die einmal etwas schneller fertig sind, die Weitermalbilder sind immer willkommen.

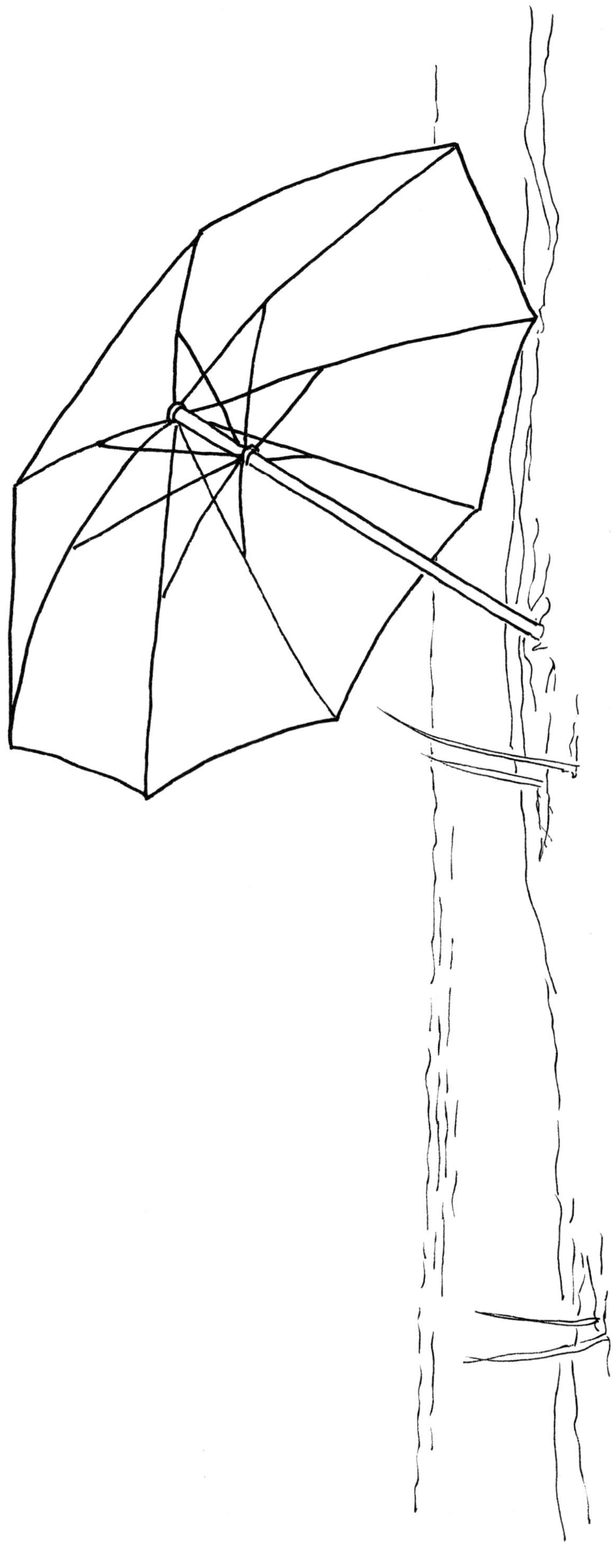

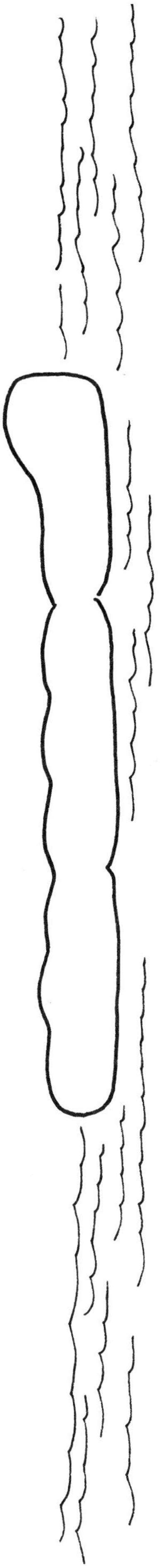

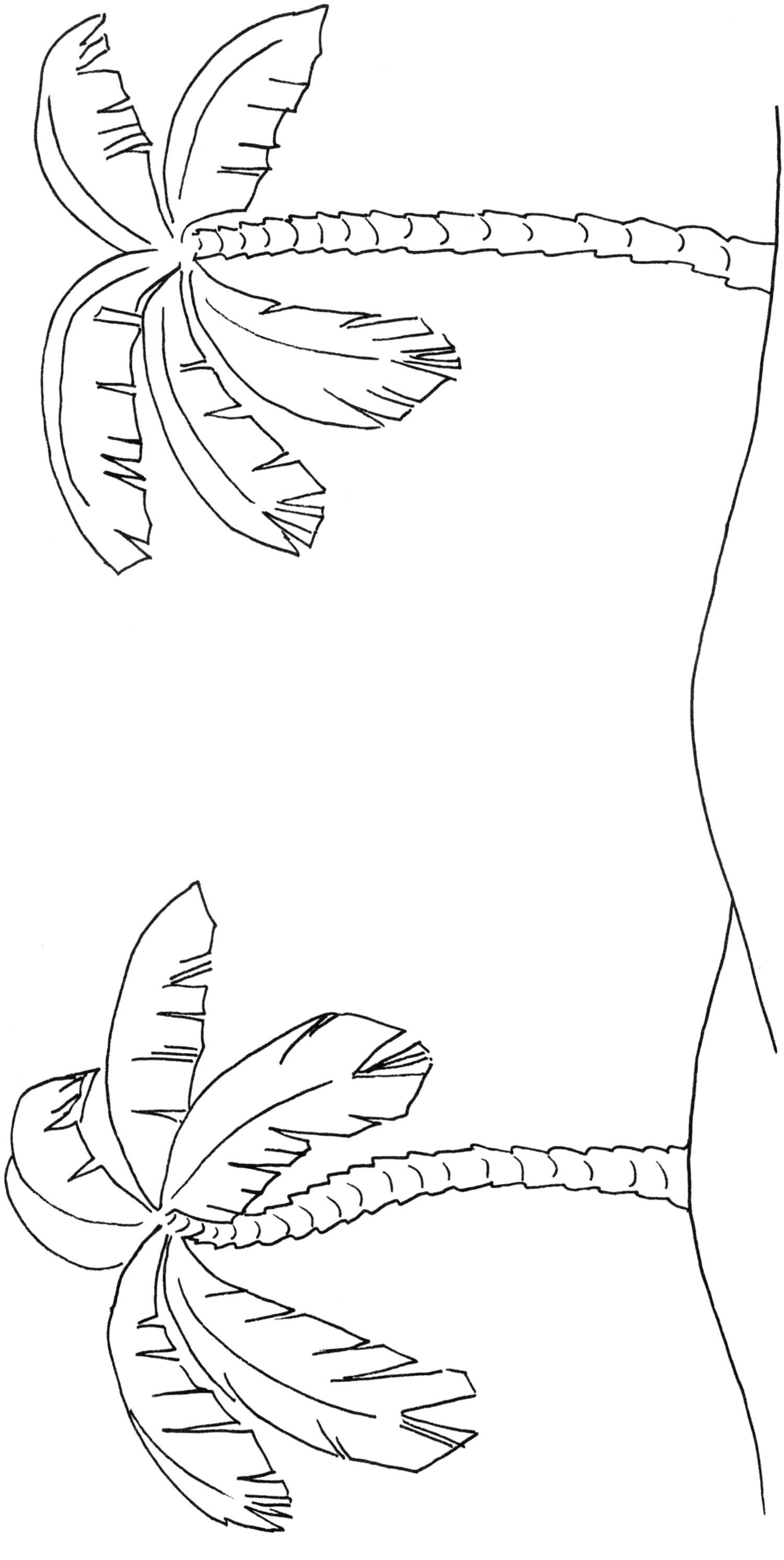

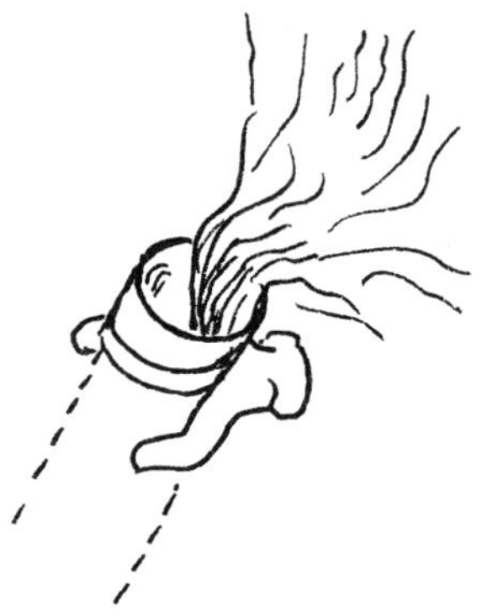

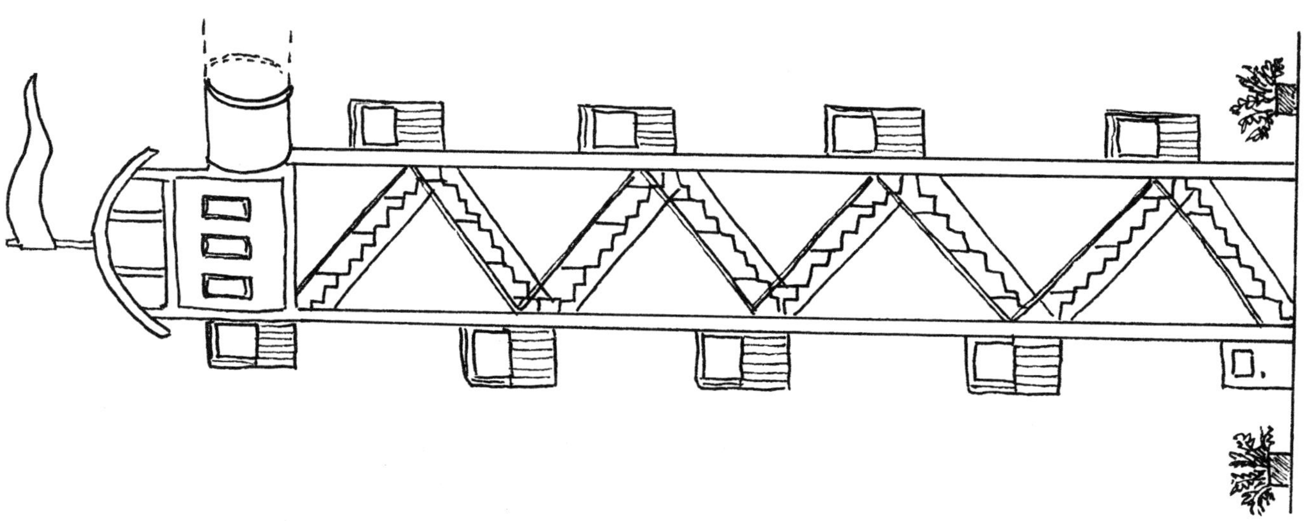

Segeltörn

Sonnenuntergang
am Meer

Wüstenblume

Buddelschiff

Ich packe meinen Koffer

Mein eigener Stempel

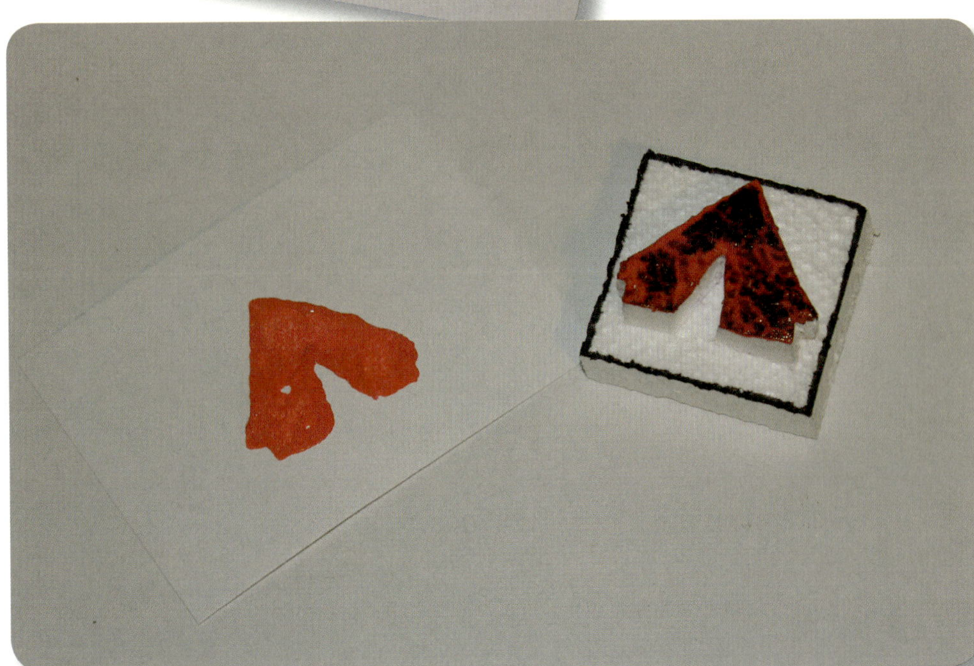

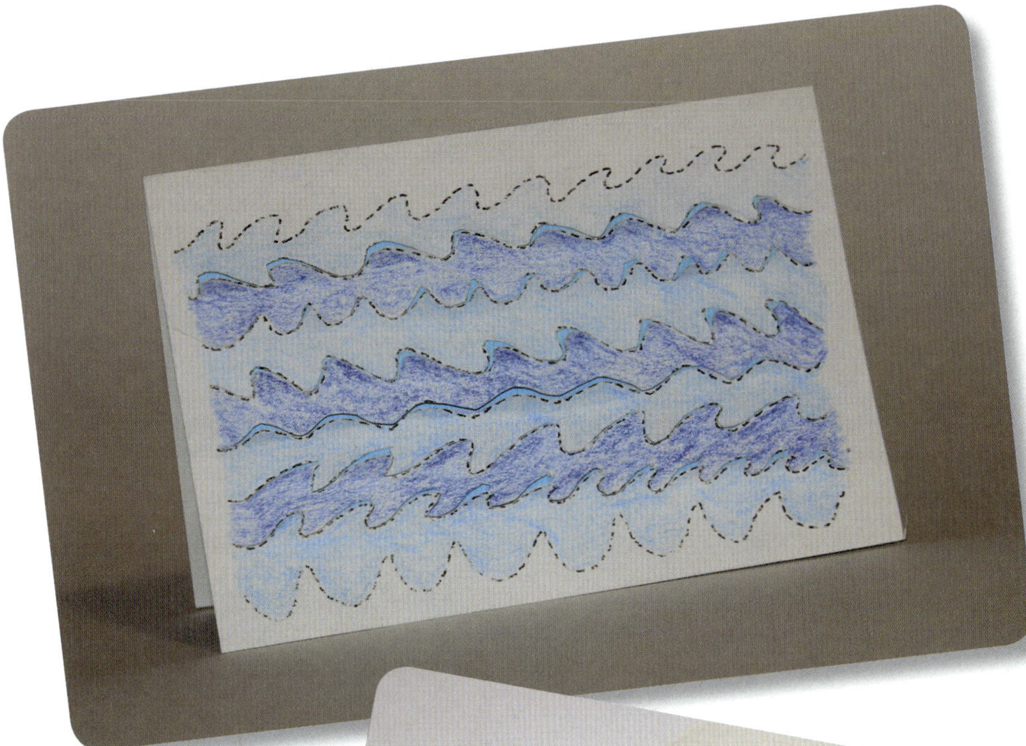

Wellenkämme

Das Super-Eis

Sommerliches Namensschild

Kreativ werden: An die Pinsel, fertig, los!

Julia Feldgen, Bärbel Klein

Kinder entdecken Kunstwerke

Tiere

Ausdrucksstarke Tiermotive sind wie gemacht, um sich in der Grundschule auf vielfältige Weise mit den Werken bekannter und weniger bekannter Künstler auseinanderzusetzen. Dürers Rindermaul, der berühmte Elefant von Ernst oder Eschers Vögel bieten viele Einstiegsmöglichkeiten in einen facettenreichen Kunstunterricht. Der Band liefert zusätzlich detaillierte Unterrichtseinheiten sowie Differenzierungsangebote und stellt Verbindungen zu anderen Fächern her – alles unterrichtspraktisch und originell aufbereitet. Kriterien zur Leistungsbeurteilung und Schülerbeispiele erleichtern Ihnen die Bewertung der Schülerarbeiten zum Thema „Tiere". Das Material ist auch für den jahrgangsübergreifenden Unterricht geeignet.

Aus dem Inhalt: Franz Marc: Die gelbe Kuh, Salvador Dali: Elefantengiraffe, August Macke: Landschaft mit Kühen und Kamel

Ein Thema, mehrere Künstler, ganz viele kreative Ideen zum Gestalten!

Buch, 82 Seiten, DIN A4
1. bis 4. Klasse
Best.-Nr. 3279

Joachim Kühn

Pfiffige Kurzaufgaben für den Kunstunterricht

70 einfache Geschichten zum Lesen und Malen

Als Lehrer kennen Sie sicher die Situation im Kunstunterricht: Manche Kinder legen ein enormes Arbeitstempo an den Tag, andere benötigen viel Zeit. Was tun? Mit den pfiffigen und humorvollen Zusatzaufgaben zum Lesen und Malen können Sie jetzt schneller arbeitende Schüler/-innen sinnvoll beschäftigen. Dabei liegt jede Aufgabe in zwei Varianten vor: zum einen mit dem Schwerpunkt der zeichnerischen Darstellung einer Situation und zum anderen als Lesetext, aus dem die Kinder sich erschließen müssen, was und wie gemalt werden soll. Der tolle Neben-Effekt: die Lesefähigkeit wird gefördert.

Verbinden Sie die Freude am künstlerischen Gestalten mit der Kunst des sinnerfassenden Lesens!

Buch, 76 Seiten, DIN A4
1. bis 4. Klasse
Best.-Nr. 3469

Lori VanKirk Schue

Kinder gestalten Kunst

68 kreative Angebote für die Klassen 1–6

Die Gestaltungsangebote vermitteln den gekonnten Umgang mit vielfältigen Techniken (Malen, Weben, Drucken) und Materialien (Ton, Krempel, Naturmaterialien). Zu jeder Idee gibt es für die Lehrkraft eine Übersichtsseite mit Fachbegriffen, benötigten Materialien und dem Unterrichtsablauf sowie weiterführenden Anregungen. Auf einer zweiten Seite werden die einzelnen Arbeitsschritte genau beschrieben und zusätzlich durch Skizzen veranschaulicht. Die Unterrichtsideen sind damit auch für fachfremde Lehrkräfte einfach umzusetzen.

Aus dem Inhalt: Gewebte Landschaft aus Papier, Falsche Fossilien/Versteinerungen, Bilderrahmen aus Ton, Drucken mit Plätzchenformen, Japanische Puppen, Handgeschöpftes Papier.

Der Ideenfundus für spannenden Kunstunterricht!

Buch, 164 Seiten, farbig, DIN A4
Ab 1. Schuljahr
Best.-Nr. 3794

Karl-Heinz Putzka

Zeichnen und Malen in der Primarstufe

Vielfältiges erprobtes Material

Die Arbeitsblätter mit ihren grafischen Vorgaben lassen sich ohne Vorbereitung direkt im Kunstunterricht einsetzen. Die Schülerinnen und Schüler entnehmen den kurzen Aufgabenstellungen und Materialangaben, was sie jeweils auf dem Blatt ergänzen sollen und welche Stifte oder Farben sich dabei anbieten. Geübt werden hier das gegenständliche Zeichnen, der Umgang mit Farben, das Anlegen von Mustern und Strukturen, das spiegelbildliche Zeichnen u. v. m. Für alle Kunstlehrer – aber auch für fachfremd unterrichtende Lehrerinnen und Lehrer – eine wertvolle Hilfe!

Pfiffige Ideen für Ihren Kunstunterricht!

Mappe mit Kopiervorlagen, 50 Seiten, DIN A4
Ab 1. Schuljahr
Best.-Nr. 2085

Unser Bestellservice:

Das komplette Verlagsprogramm finden Sie in unserem Online-Shop unter

www.persen.de

Bei Fragen hilft Ihnen unser Kundenservice gerne weiter.

Deutschland: ✆ 040/32 50 83-040 · Schweiz: ✆ 052/366 53 54 · Österreich: ✆ 0 72 30/2 00 11